La Fille de Marbre

Le Violon du Diable

ARTHUR St LÉON

DÉDIÉ A SA MAJESTÉ
NICOLAS 1er.
EMPEREUR DE TOUTES LES RUSSIES.

l'Enfant Prodigue

Les Abeilles

LA STÉNOCHORÉGRAPHIE,
ou
Art d'écrire promptement la Danse,
AVEC
PORTRAITS ET BIOGRAPHIES
des plus célèbres Maitres de Ballets anciens et modernes;
PAR
ARTHUR SAINT-LÉON,
1er MAITRE DE BALLETS, & 1er DANSEUR DE L'OPÉRA,
Professeur de la Classe de Perfectionnement.

A PARIS:
Chez l'Auteur, rue Fontaine St Georges, 32;
& chez Brandus & Cie Edrs de Musique,
Rue Richelieu, 103.

A L'ÉTRANGER:
Chez les Principaux Editeurs
de Musique

Paquerette

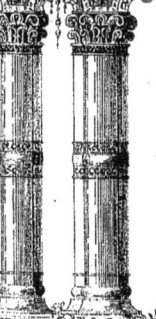

Stella.

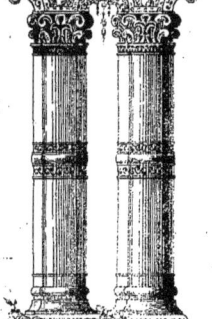

La Vivandière.

1852.
Imprim. lith. Ch Bargeaux Cour des Coutures 18 à Paris.

Livraison.

LA

STÉNOCHORÉGRAPHIE.

PARIS. — IMPRIMERIE DE MOQUET, 92, RUE DE LA HARPE.

LA

STÉNOCHORÉGRAPHIE

OU

ART D'ÉCRIRE PROMPTEMENT

LA DANSE,

PAR

ARTHUR SAINT-LÉON,

PREMIER MAÎTRE DE BALLET, ET PREMIER DANSEUR DE L'OPÉRA, PROFESSEUR DE LA CLASSE DE PERFECTIONNEMENT,

AVEC

La biographie et le portrait des plus célèbres maîtres de ballets anciens et modernes de l'école française et italienne,

LA LISTE ET LA DISTRIBUTION DE TOUS LES OUVRAGES DE DANSE REPRÉSENTÉS A L'OPÉRA DEPUIS SA CRÉATION,

PLANS, CARTES, ETC., ETC., ETC.

PARIS.

CHEZ L'AUTEUR, RUE DES MARTYRS, 58.

BRANDUS, ÉDITEUR DE MUSIQUE, 103, RUE RICHELIEU.

ET A L'ÉTRANGER,

CHEZ LES PRINCIPAUX ÉDITEURS DE MUSIQUE.

1852

RÉSUMÉ DE LA PREMIÈRE LIVRAISON.

PRÉFACE.

La Musique, la Peinture, l'Architecture, l'Equitation, tous les arts enfin, ont *une langue*, à l'aide de laquelle les principes et les règles peuvent être reproduits ; la DANSE, basée sur le Dessin et l'Anatomie, a bien aussi ses principes et ses règles, mais ils ne sont que *démonstratifs*, car la CHORÉGRAPHIE proprement dite n'existe que de nom.

Berceau de la Danse, le théâtre de *l'Opéra* a possédé de grands artistes, des Maîtres de Ballets de premier ordre ; que reste-t-il de leurs travaux ? de leurs ouvrages ? Rien, sinon le titre de ces ouvrages et quelques *traditions* plus ou moins exactes, transmises par leurs contemporains ou leurs élèves, subordonnées à l'intelligence, à la capacité et à la mémoire de chacun d'eux, et par conséquent dégénérées, incomplètes, et aujourd'hui presque toutes oubliées.

Il résulte de là que les maîtres de Ballets qui n'ont jamais eu occasion de voir les anciennes célébrités de la Danse ou d'être en contact avec elles, ne peuvent faire représenter fidèlement les œuvres de ces compositeurs.

La même impossibilité existe pour les *ouvrages nouveaux*, lorsqu'il s'agit de les *monter* hors du théâtre où ils ont été créés.

Un Maître de Ballets compose-t-il une œuvre quelconque? si cette œuvre obtient du succès, l'auteur est aussitôt volé, pillé; on lui prend son idée; on l'affuble d'un titre nouveau, de quelques changements bons ou mauvais, suivant le mérite du plagiaire, et il a la double douleur de voir son ouvrage indignement contrefait et de ne pouvoir en constater la propriété. S'il veut réclamer, quelle preuve pourra-t-il donner que *telle ou telle coupe de pas, telle ou telle suite d'enchaînements sont* de lui? Comment transmettre à un Maître de la Province ou de l'Étranger l'ouvrage d'un autre? par des indications vagues, en employant des termes qui ne sont peut-être pas ceux adoptés par ce maître, moyens qui dans tous les cas, et pour expliquer toutes *les phases* d'un Ballet, d'un divertissement ou même d'un pas, exigeraient un immense volume de correspondance souvent incompréhensible et certainement insuffisante; sans compter l'obligation pour *le compositeur* d'écrire *dans la langue* de celui auquel il adresse son œuvre.

Il reste bien au Maître de Ballets étranger la ressource de venir voir lui-même à Paris l'ouvrage qu'il est chargé de monter; mais indépendamment de la grande perte de temps et des frais de déplacement que cela occasionnerait, un Maître de Ballets peut-il abandonner son poste? et après avoir vu quatre ou cinq fois l'ouvrage, est-il sûr de se rappeler tous les détails des pas et Danses? Supposons un Chef d'orchestre chargé par son Directeur de venir entendre un Opéra ou seulement une composition musicale : ce musicien pourrait-il à son retour transmettre de mémoire à tout un orchestre et à des chanteurs le résultat de son audition, *sans partition et sans libretto?* c'est à dire *sans notes et sans paroles* à leur mettre sous les yeux? Non sans doute, eh bien! voilà juste où en est celui qui vient voir un ouvrage de Danse et qui s'en va muni seulement de quelques notes et la tête remplie d'idées confuses aux-quelles sa mémoire ne peut suffire, quels que soient du reste son talent et son apti-tude.

L'expérience et le travail de nos prédécesseurs, à quoi peuvent-ils servir s'il ne reste rien qui puisse perpétuer leurs travaux?

Les difficultés éprouvées par celui qui le premier s'est adonné à l'art de la danse, ses successeurs les rencontrent à leur tour, et pour les surmonter, ils n'ont de données certaines ni pour les pas, ni pour la division des masses, ni pour la mise en scène, rien enfin des documents essentiels à un Maître de Ballets.

Selon moi, l'art de *la Danse* est dans l'enfance; ce que de nos jours on est convenu, à tort, d'appeler LA CHORÉGRAPHIE n'existe réellement pas. En effet, que veut dire le mot CHORÉGRAPHIE? *Ecrire la Danse* et non pas *la composer.* Or pour l'écrire, il faut absolument une *méthode* comme il y en a pour la composition musicale, les instruments, le chant, et pour faire cette méthode, il faut de toute nécessité *une langue unique*, comprise par tous ceux qui veulent utilement et sérieusement *professer* ou *créer*.

J'ai donc pensé que le meilleur moyen d'arriver à ce but était d'établir d'abord en principe que la danse se compose de *pas*, les pas de *temps*, et les temps de *mouvements*, (dont le nombre est assez restreint); d'adopter pour chacun d'eux des *signes de conventions*, de même que l'on a adopté des *Notes* pour chacun des sons des voix humaines ou instrumentales, puis de se servir *de la Musique* pour indiquer le *tact* et les *nuances*, et enfin de marquer la *durée* des temps, mouvements, oppositions de bras et de jambes, par *la valeur* des Notes placées *immédiatement* au dessous des signes de convention.

C'est ce travail que j'offre au public sous le titre de STÉNOCHORÉGRAPHIE, ou art d'écrire la danse (*a*).

Différents essais de ce genre ont été faits; mais soit obscurité dans les indications, soit confusion ou insuffisance dans les détails, ils sont restés sans résultat.

J'ai lu et vu à peu près tout ce qui a été publié sur la Danse; et je ne crois pas me tromper en faisant remonter à l'année 1588 les premiers essais faits pour écrire cet art par THOINOT ARBEAU, dans son ouvrage intitulé *L'orchésographie*. Son système était de faire correspondre les *pas* (*fort simples*) de la danse alors en usage, avec *la musique*, au moyen *de la note* écrite sur une portée de cinq lignes et de mettre au-dessus de ces notes, le pas à exécuter, *en toutes lettres et en langage ordinaire*.

Système inapplicable, aujourd'hui que la Danse et la musique ont pris une si grande extension.

Beauchamps, le premier qui ait rempli à l'Opéra de Paris les fonctions de Maître de Ballets, avait aussi inventé une manière d'écrire la Danse intitulée *Chorégraphie*. Il reste bien de cette invention un arrêt du parlement qui consacre son droit d'inventeur, mais *pas un seul ouvrage* où il ait fait usage de sa découverte.

Je parlerai ici, mais seulement pour mémoire, d'un moyen *de Chorégraphie* essayé par quelques professeurs et qui consistait à employer pour marquer chaque temps la première lettre du nom par lequel on désigne ce temps.

Je laisse aux gens compétents le soin d'apprécier l'impossibilité de cette méthode.

MM. Favier, Desais et Feuillets, autres Chorégraphes, ont adopté pour atteindre

(*a*) Στενὸς serré ou abrégé; χορὸς danse, γραφή écriture.

le même but un plan représentant un théâtre ou salle de Danse; sur ce plan étaient
dessinés des signes correspondant aux pas, *mais aux pas seulement, et non aux divers*
détails qui en font partie.

Quand on suit de l'œil ces lignes, contours et détours, et que l'on revient au point
d'où l'on est parti, il en résulte, pour le lecteur, des complications sans nombre et
réellement inintelligibles.

Leur théâtre, tel grand que soit le format employé pour le représenter, finit par se
couvrir d'un nombre si considérable de signes qu'on en perd la trace, et que l'on ne
peut les suivre qu'en tournant le papier dans tous les sens, en sorte qu'à la moindre
distraction il faut retourner au point de départ. D'ailleurs, le Danseur peut, dans
un pas, être obligé d'aller et venir 30 ou 40 fois, *sur le même espace*, chose impossi-
ble à faire comprendre au lecteur sur un carré de papier représentant un théâtre.

La Danse est comme la Musique, de même que *le son* une fois lancé s'éteint dans
le vide, de même le *temps exécuté* s'efface sur la scène.

Contrairement à ce fait incontestable, MM. Favier et Feuillet emploient d'abord
pour indiquer un *pas* un signe, mais *un signe ineffaçable*, qui ne peut *s'éteindre* et faire
place à un autre; en sorte que ce premier signe, *croisé* bientôt par un second, et
traversé par d'autres, devient méconnaissable, et que l'ensemble n'offre plus au lecteur qu'un dédale inextricable de chiffres dont aucun n'est consacré à l'indication si
importante de l'*épaulement.*

Le lecteur en jugera facilement par l'examen d'un plan de Danse de MM. Favier et
Feuillet, plan qui trouvera sa place naturelle dans les dernières livraisons de l'ouvrage que j'écris.

Enfin et pour clore ici les objections relatives au système Favier et Feuillet,
il me reste à parler du mode de co-relation entre les signes et la musique adopté par
ces auteurs.

L'ensemble du pas coïncide bien, au moyen de numéros, avec *des mesures* ou
phrases de Musique; mais rien n'indique *si les temps et mouvements* dont le *pas*
est composé doivent se faire vite ou lentement, ni *sur quelles notes* doivent être
exécutés ces temps et mouvements.

Cependant n'est-il pas évident que, si *une mesure* peut parfois ne comporter *qu'une*
note comme aussi *un seul temps* ou *Mouvement,* il se rencontre un instant après, une autre mesure, composée de douze *notes* avec *un mouvement* à exécuter sur *chacune* de ces
notes; ou bien *deux mouvements* à exécuter sur les *trois* premières notes et un seul
temps ou mouvement sur les *neuf* autres.

Il est incontestable que la Danse et la Musique ont pris de nos jours une grande extension; or, comme l'immense variété des combinaisons de la danse provient, ainsi que la clarté de ces combinaisons de la *corélation intime* des *Notes* de la Musique avec les *mouvements* de la Danse, j'en conclus que tout système qui, outre les inconvénients déjà spécifiés, ne renferme pas cette condition essentielle, est insuffisant, inadoptable, et qu'il est de toute nécessité d'en rechercher un autre pour donner enfin *à la Danse* le rang qui lui appartient dans les Beaux-arts.

Du reste, ainsi que toutes les innovations, la Danse écrite a soulevé de nombreuses critiques, et NOVERRE, lui aussi, le célèbre NOVERRE, le premier qui ait réellement compris la Danse, l'éminent artiste qui a écrit de si belles choses sur cet art n'était pas partisan de la *Chorégraphie* prise dans sa véritable acception, c'est-à dire de *la Danse écrite*. Malgré cela, je crois devoir donner au lecteur ce qu'il dit à ce sujet, autant par respect pour l'opinion de ce grand Maître que dans la persuasion où je suis que sa critique a été inspirée surtout par l'insuffisance des différents systèmes alors connus :

» La Chorégraphie est l'art d'écrire la Danse à l'aide de différents signes, » comme on écrit la Musique à l'aide de figures ou de caractères désignés par la » dénomination de notes; avec cette différence qu'un bon Musicien lira deux » cents mesures dans un instant, et qu'un excellent Chorégraphe ne déchif- » frera pas deux cents mesures de danse en deux heures. Ce genre d'écriture » particulier à notre art, et que les anciens ont peut-être ignoré, pouvait être » nécessaire dans les premiers moments où la danse a été asservie à des princi- » pes. Les maîtres s'envoyaient réciproquement de petites contredanses et des » morceaux brillants et difficiles, tels que le Menuet d'Anjou, la Bretagne, la » Mariée, le Passe-pied, sans compter encore les Folies d'Espagne, la Favorite, » la Courante, la Bourée d'Achille et l'Allemande.

» Les chemins ou la figure de ces danses étaient tracés ; les pas étaient en- » suite indiqués sur ces chemins par des traits et des signes démonstratifs ou » de convention ; la cadence ou la mesure était marquée par de petites barres » posées transversalement qui divisaient et fixaient les temps; l'air sur lequel » ces pas étaient composés se notait au dessus de la page, de sorte que huit me- » sures de Chorégraphie équivalaient à huit mesures de Musique.

» Moyennant cet arrangement, on parvenait à épeler la danse; pourvu que

» l'on eût la précaution de ne jamais changer de position le livre et de le te-
» nir toujours dans le même sens.

» Voilà ce qu'était jadis la Chorégraphie. La Danse était simple et peu com-
» posée, la manière de l'écrire était par conséquent facile, et on apprenait à
» la lire fort aisément. Mais aujourd'hui les pas sont compliqués; ils sont dou-
» blés, triplés, leur mélange est immense : il est donc très difficile de les dé-
» chiffrer. Cet art, au reste, est très-imparfait; il n'indique exactement que
» l'action des pieds, et s'il nous désigne les mouvements des bras, il n'ordonne
» ni les positions ni les contours qu'ils doivent avoir ; il ne nous montre en-
» core ni les attitudes du corps, ni les effacements, ni les oppositions de la tête,
» ni les situations différentes, nobles et aisées, nécessaires dans cette partie, et
» je le regarde comme un art inutile, puisqu'il ne peut rien pour la perfec-
» tion du nôtre ».

Cette opinion sur la chorégraphie m'a beaucoup étonné, surtout de la part d'un
maître qui a traité son art avec un talent sérieux et réel; aussi ne puis-je me dis-
penser de la réfuter, malgré la longueur de cette préface indispensable.

Au commencement de son article critique, Noverre objecte, à propos des signes et
des caractères employés pour la Chorégraphie que « Un bon musicien lira 200 mesu-
« res dans un instant, tandis qu'un excellent Chorégraphe, ne déchiffrera pas 200 me-
« sures de danse en deux heures. » Que prouve ceci ? Rien autre chose sinon qu'à cette
époque la *Chorégraphie* était dans une fausse route, qu'elle manquait de clarté, que
son perfectionnement était loin d'atteindre celui de la musique, enfin que la Chorégraphie n'était pas alors ce qu'il faut qu'elle soit pour être appliquée utilement à
la danse.

D'ailleurs, la musique ancienne n'a-t-elle pas elle-même subi une transformation
complète dans la forme des caractères employés à la reproduire ? Et pouvait-on pré-
voir, alors qu'on suffisait à cette reproduction avec un petit nombre *de grosses notes
carrées*, que l'on aurait un jour à transmettre à la postérité des partitions aussi compliquées que celles dues au génie musical des Beethoven, Mayerber, Rossini, Au-
bert, Halevy, Adam, etc. ?

Noverre ajoute encore : « Ce genre d'écriture particulier à notre art pouvait être
« nécessaire dans les premiers moments où la danse a été asservie à des principes. »

N'avons-nous donc plus de principes ? La perfection d'un art entraîne-t-elle donc
l'inutilité des principes ?

Quelque respectable que soit l'autorité de cet auteur, je ne puis lui faire une telle concession; les principes doivent être indestructibles, immuables, respectés comme les lois : c'est donc pour cela qu'il faut une langue pour les écrire. Et si je reconnais, comme Noverre, que le mode de Chorégraphie dont il parle ne vaut rien, je ne puis admettre avec lui que l'art d'écrire la danse soit inutile, puisqu'il doit assurer à l'auteur *la propriété de ses œuvres*, en lui donnant avec *une méthode* la facilité de les *écrire*. Et à propos de méthode, je ne cesserai de répéter que je crois indispensable de faire apprendre à un élève de danse tous les éléments de cet art, comme on apprend à un élève en musique, les notes, leur caractère, leur valeur, etc., avant de lui enseigner à solfier ou à jouer d'un instrument; en un mot, de joindre la *théorie* à la *pratique*, en adoptant, dans les classes de danse, l'enseignement de la *Sténochorégraphie* et l'*exécution* simultanément.

Ainsi disparaîtront les difficultés signalées par *Noverre*, alors surtout que les professeurs exigeront des élèves qui se destinent à la danse la connaissance sinon approfondie, au moins élémentaire, des principes de la musique.

En publiant *la sténochorégraphie*, je n'ai certes pas l'orgueilleuse prétention de la voir généralement et immédiatement adoptée. Peut-être faudra-t-il des années pour arriver à ce résultat; peut-être mon travail viendra-t-il échouer devant *la routine* et le mauvais vouloir de ceux qui ne verront dans son application qu'une *innovation* exigeant des études nouvelles et sérieuses. Mais le public et les véritables artistes seront à même de juger si j'ai judicieusement établi et défini les moyens d'écrire la danse, et si j'ai triomphé de l'imperfection signalée dans les autres systèmes, *tous restés à l'état de projets.*

Ma *Sténochorégraphie* diffère essentiellement de tous les essais du même genre, ainsi que je l'ai dit plus haut, en ce qu'elle indique non seulement l'*ensemble des pas,* mais surtout en ce qu'elle donne au danseur initié à la connaissance des *signes sténochorégraphiques* la faculté de reproduire au premier coup d'œil et pour ainsi dire machinalement tous les *temps, pliés, relevés, sauts* sur une ou deux jambes, *retombés développés,* etc., etc. Enfin tous *les mouvements* qui, réunis, forment *un pas,* et de donner à chacun de ces mouvements leur durée exacte par la valeur de la note musicale à laquelle ils correspondent.

J'ai voulu faciliter la lecture de la *sténochorégraphie* en me servant de beaucoup de signes usités en musique, et en leur conservant, (appliqués à la danse), la même signification. Tout maître de ballets, et même tout danseur devant, dans ma pensée, savoir la musique, l'emploi de signes déjà connus d'eux simplifiera nécessairement cette lecture.

Ma méthode de *sténochorégraphie* comprendra *les moyens et exemples d'exécution* des pas ou danses d'un ballet, *quels que soient le nombre des exécutants et la diversité du travail de chacun ;* quant aux groupes, la reproduction en est facile au moyen de petits dessins ; l'action ou pantomime, indiquée du reste par le libretto, est toute entière (sauf quelques principes élémentaires connus de tous les compositeurs) dans le sentiment et l'intelligence de l'artiste chargé de reproduire la pensée de l'auteur ; ces deux parties ayant toujours été assez bien reproduites, je n'ai pas jugé nécessaire, quant à présent, de leur appliquer les principes de la *Sténochorégraphie*.

Lorsque l'usage en sera devenu général, que chacun des artistes appelés à figurer dans un ouvrage (ou tout au moins que le maître de ballet) aura la connaissance parfaite de cette nouvelle langue, j'ai la conviction que de même que pour un Grand-Opéra on réunit dans une seule partition, musique et parole, de même on réunira en un seul volume et dans leur ordre naturel *Libretto, Pantomime, Groupes, Danses et Pas*, enfin tous les éléments dont se compose un ballet, de manière à présenter un *tout complet* au moyen duquel on pourra monter l'ouvrage sans y rien changer, quel qu'éloigné que l'on soit du théâtre où il a été créé.

Dans cet espoir, je formerai et j'espère voir tous mes collègues former des cours où la Sténochorégraphie sera enseignée en même temps que la danse ; et tous mes efforts tendront à faire sortir cet art de l'ornière dans lequel il est encore plongé.

Loin de moi la pensée d'avoir donné à mon travail le degré de perfection auquel j'aurais voulu atteindre ; mais tel qu'il est, je le crois utile, nécessaire, et d'une application facile. La route est tracée ; que d'autres m'y suivent ou m'y devancent, je m'en réjouirai, car seul je ne puis réussir ; j'ai besoin pour cela du concours de tous, et surtout de l'appui de ceux auxquels sont confiées les rênes d'un art si beau, et pourtant si négligé.

Le théâtre est le monde en actions, dit madame de Stael ; rien n'est plus vrai, surtout en ce qui concerne la danse, trop souvent soumise au caprice et à l'incapacité.

Chacun croit pouvoir imposer ses idées, bonnes ou mauvaises, ajouter, retrancher, *régler* sans aucun respect pour les principes ou le bon goût ; il faut à tout prix *faire de l'effet* ; de là, une confusion, un dévergondage artistique qui tous les jours entraîne l'art lui même vers sa décadence.

Depuis vingt ans on semble prendre à tâche d'éloigner de nos grandes scènes par tous les moyens possibles, ceux qui pourraient rendre de véritables services ; aussi, sauf quelques talents qui surgissent, bon gré malgré, poussés par leur propre nature, quels modèles avons-nous ?

M. *Albert*, cet artiste consciencieux et complet, surtout comme école, ce grand maître auquel je dois le peu que je sais, et dont l'éminente supériorité est incontestable, n'a-t-il pas dû, dégoûté, jalousé, vaincu par le mauvais vouloir, abandonner le théâtre de ses succès, à l'apogée de son talent!

Perte irréparable pour tous, et surtout pour nous, qui avons perdu avec lui le pilote dont le savoir et la grande expérience nous auraient guidé à travers tant d'écueils.

M. *Perrot*, aussi remarquable par la correction de son école que par sa brillante exécution comme danseur, a été obligé, malgré ses succès à Paris, de se faire une position à l'étranger.

Et tant d'autres forcés de chercher ailleurs ce qu'ils auraient dû rencontrer ici!

J'aurais cru mon œuvre incomplète si je n'avais profité de sa publication pour donner en même temps une collection de portraits et biographies des plus célèbres Maîtres de Ballets, anciens et nouveaux de l'école Française et Italienne; *ce qui n'existe pas encore.*

Faible tribut de mon respect et de mon admiration pour ces célébrités, dont il reste à peine aujourd'hui quelques traces.

Je dois aussi des remercîments particuliers à MM. Tamburini, Salvator Taglioni, Lenfant, Cornet, etc., etc., pour l'empressement qu'ils ont mis à me donner des documents aussi curieux que rares.

L'ensemble de mon ouvrage de *Sténochorégraphie* comprendra donc :

1° Les principes de la Sténochorégraphie;

2° L'application de ces principes;

3° Des études ou exemples;

4° Des pas ou Danses de deux ou plusieurs personnes;

5° Les portraits et biographies des célébrités de la Danse;

6° Et enfin, comme complément indispensable, la liste de tous les Ballets représentés sur le théâtre de l'Opéra depuis sa création, et s'il est possible, la distribution de ces ouvrages avec une planche représentant l'Opéra sous Louis XIV.

Plus tard, et quand la connaissance de la *Sténochorégraphie* sera générale, je me propose d'écrire avec le procédé sténochorégraphique une méthode de Danse proprement dite, et aussi tous les Ballets, Danses ou pas de ma composition. Je ne saurais trop engager mes Collègues à en faire autant; car une fois une méthode adoptée, que ce soit la leur ou la mienne, pourvu qu'elle soit écrite au moyen de la *Sténochorégraphie*, les personnes qui se livreront au professorat auront au moins un guide pour amener graduellement l'élève à un résultat certain (*quant aux bases*), et lui ouvrir un chemin vers le but où ses dispositions naturelles le porteront.

Voilà précisément ce qui manque ; c'est pourquoi nous voyons tous les jours des professeurs qu'aucune règle n'enchaine apprendre aux élèves la lettre Z de la Danse avant la lettre A, et des Artistes qui, avec leur talent d'exécution, auraient pu prétendre à la célébrité, arrêtés dans leur carrière par des défauts contractés dans leur jeunesse, et qui plus tard ne peuvent plus se corriger; sans doute l'âme, le génie, l'originalité ne se trouveront jamais ni dans les méthodes ni dans les leçons du professeur; mais il en est de la Danse comme de toute chose, fondée sur de bons principes ; établie sur de bonnes bases on pourra bâtir sur elles tout ce que l'on voudra.

Ce que je recommande surtout à ceux de mes collègues qui voudront faire usage de la *Sténochorégraphie*, c'est, une fois les signes fondamentaux *tels que je les donne* bien ancrés dans leur mémoire, de n'écrire d'abord que des choses simples, qui mèneront ensuite et tout naturellement à de plus compliquées.

Que le lecteur me pardonne les négligences de style et les imperfections de langage qu'il pourra rencontrer soit dans cette préface, rapidement tracée et que je n'avais pas d'abord jugée nécessaire, soit dans le *texte* de la *Sténochorégraphie*; écrivant dans un but purement artistique, obligé par la nature même de mon sujet à l'emploi de mots *techniques*, et souvent à des redites, mon œuvre, sous le rapport littéraire, se ressentira nécessairement de cette contrainte.

Ma devise est « *Chi Dura Vince*; c'est avec elle que j'ai commencé mon long et pénible travail ; puissé-je avoir réussi! Quel qu'en soit le mérite, j'espère du moins obtenir l'approbation de mes collègues, mon désir en écrivant la *Sténochorégraphie* étant surtout de doter l'art de la Danse d'une innovation qui le sauve de l'oubli.

A. SAINT-LÉON.

THOINOT-ARBEAU.

NOTICE

THOINOT-ARBEAU.

Si étranges que puissent sembler le portrait et la biographie d'un *chanoine*, dans une galerie destinée aux maîtres de Ballets et Chorégraphes anciens et modernes, THOINOT-ARBEAU, auteur de *l'Orchésographie*, devait cependant y occuper la première place, puisque l'idée primitive d'écrire la Danse appartient à ce Chanoine.

C'est au hasard, et surtout à la complaisance d'un savant ecclésiastique de Bologne, le révérend père M*** C***, que nous devons de pouvoir offrir aujourd'hui au lecteur les traits de *Thoinot-Arbeau*, dont il n'existe aucun portrait, mais seulement une esquisse que le R. P. M*** C***, a bien voulu me confier avec quelques rares et précieux documents.

Le nom de *Thoinot-Arbeau* n'est qu'un *pseudonyme*, ou plutôt l'anagramme du nom de TABOUROT JEHAN, né à Dijon en 1519. Il était fils d'*Estienne Tabourot*, conseiller du roi, et procureur au Baillage de Dijon, et de Valentine Henriette *Dubois*.

Doué d'une constitution vigoureuse, et d'une grande perfection de formes, Thoinot-Arbeau montra dès son enfance un vif penchant pour les exercices du corps et s'y livrait avec ardeur, principalement à l'exercice de la Danse, qu'il avait appris à Poitiers. Destiné d'abord à succéder à son père dans l'exercice de sa charge, il dut cependant abandonner ce projet, par suite d'une circonstance qui mérite d'être relatée.

Encore enfant, *Thoinot-Arbeau* fut atteint d'une maladie qui le mit aux portes du tombeau et pendant laquelle, sa mère, femme d'un esprit superstitieux et adonnée aux plus rigoureuses pratiques de la religion, fit vœu de le consacrer à l'état ecclésiastique si Dieu lui conservait la vie.

Fils soumis et respectueux, élevé dans des idées de piété et d'obéissance absolue, *Thoinot-Arbeau* n'hésita pas à accomplir le vœu de sa mère et entra dans les ordres en 1530.

Malgré son manque de vocation pour cet état, si peu en rapport avec son caractère, il acquit bientôt par sa vive intelligence, son savoir et ses rares qualités d'esprit et de cœur, une place honorable dans le clergé, et il fut nommé en 1574, chanoine du chapitre de Langres.

Gai, original, d'une piété sincère mais éclairée, il sut concilier à la fois, l'exercice de ses devoirs religieux et l'étude approfondie de ce qui avait trait aux coutumes de la religion.

Les Danses sacrées, danses déjà tombées en désuétude à cette époque et définitivement supprimées par un arrêt du Parlement de Paris, du 3 septembre 1667 (a), donnèrent à *Thoinot-Arbeau* la pensée d'écrire l'ouvrage qu'il publia *à l'âge de* 69 *ans*, sous le titre de

ORCHÉSOGRAPHIE

OU « TRAICTÉ EN FORME DE DIALOGUE, PAR LEQUEL TOUTES LES PERSONNES PEUVENT « FACILEMENT PRACTIQUER L'HONNESTE EXERCICE DES DANSES. »

Nous croyons être agréable au lecteur en lui offrant ici un spécimen de ce remarquable traité, dont le mécanisme est expliqué dans la préface de la Sténochorégraphie, et que *Thoinot-Arbeau* écrivit, ainsi qu'il le dit lui-même, alors que « trop viel et trop pésant pour s'exercer gaillardement lui-même il désirait, que « toutes danses honnêtes, soient remises au-dessus, en lieu des danses lascives et t

_____

(a) Arrêt rendu à la requête de Maître Jean Nau, conseiller en la cour, commissaire député ès-provinces du Lyonnais, Forez, Beaujolais et Maconnais.

« deshontées que l'on introduisit en leur place, au regret des sages seigneurs, et
« des dames et matrones de bon et pudique jugement.

SPECIMEN.

AIR DE LA GAVOTTE.   TABLATURE D'UNE GAVOTTE.

Mouvement.

Passage de quatre pas équivalant à un double à gauche.

Passage de cinq pas contenant la mesure de quatre pas équivalant à un double à droite.

Piel largy gauiche.
Petit sault.
Piel droit approché.
Petit sault.
Marque-pied droit croisé.
Petit sault.
Greue droicte croisée.
Petit sault.
Pieds joincts.
Petit sault.
Marque-pied gauche croisé.
Marque-pied droit croisé.
Greue droicte croisée.
Petit sault.
Pieds joincts avec capriole.

Double à gauiche.   Double à droict.

Tout insuffisante que soit cette méthode pour les besoins actuels, elle mérite
cependant l'attention des artistes, surtout si on se reporte à l'époque de son invention.

Thoinot-Arbeau, mort à Langres en 1596, à l'âge de 77 ans, peut donc être con-
sidéré à juste titre comme *le père* de la *Chorégraphie*, et sa place était naturellement marquée en tête de cette galerie.

PORTRAITS

ET

BIOGRAPHIES

DES

PLUS CÉLÈBRES MAITRES DE BALLETS ET CHORÉGRAPHES,

ANCIENS ET NOUVEAUX DE L'ÉCOLE FRANÇAISE ET ITALIENNE.

RÉSUMÉ DE LA DEUXIÈME LIVRAISON.

PRINCIPES DE LA STÉNOCHORÉGRAPHIE.

CHAPITRE PREMIER.

LES SIX LIGNES.

Pour **STÉNOCHORÉGRAPHIER** la DANSE, je me sers :

DE CINQ LIGNES (ª)

Ces CINQ LIGNES donnent par leurs intervalles QUATRE PLANS. (ᵇ)

D'une sixième ligne placée au dessus des cinq autres et détachée des plans ; elle représente la LIGNE DES ÉPAULES. (ᶜ)

SUR les lignes 1, 2, 3, 4, et 5 seront placés les signes indiquant les mouvements des pieds et des jambes EXÉCUTÉS A TERRE.

Les signes des mouvements EXÉCUTÉS EN L'AIR seront placés AU DESSUS de ces lignes.

La ligne N° 6, dite LIGNE DES ÉPAULES, est consacrée spécialement à recevoir les signes indiquant les mouvements du corps et des bras.

J'adopte pour règle générale le BAS DU PAPIER comme place du public, et, par conséquent, en **STÉNOCHORÉGRAPHIANT**, la VÉRITABLE GAUCHE EST MA DROITE, (ᵈ) ET LA VÉRITABLE DROITE MA GAUCHE. (ᵉ)

De cette manière une fois un pas ÉCRIT, il est représenté comme s'il était DANSÉ, c'est-à-dire que celui qui regarde le papier est placé comme le spectatateur ou lecteur. (ᶠ)

EXEMPLE DES SIX LIGNES.

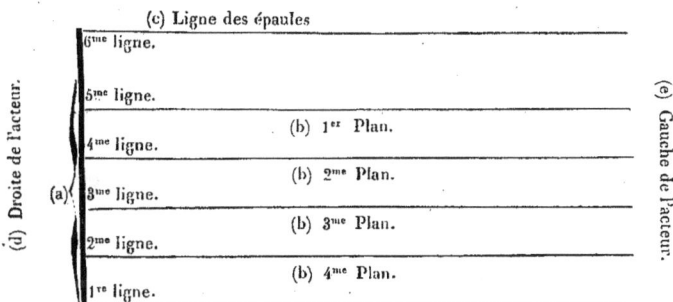

(c) Ligne des épaules

6ᵐᵉ ligne.

5ᵐᵉ ligne.

(b) 1ᵉʳ Plan.

4ᵐᵉ ligne.

(b) 2ᵐᵉ Plan.

(d) Droite de l'acteur. (a) 3ᵐᵉ ligne. (e) Gauche de l'acteur.

(b) 3ᵐᵉ Plan.

2ᵐᵉ ligne.

(b) 4ᵐᵉ Plan.

1ʳᵉ ligne.

(f) Spectateur ou lecteur.

4

CHAPITRE DEUXIÈME.

DES SIGNES.

LES CINQ POSITIONS.

1°   LES DEUX JAMBES à terre en dehors et TENDUES se marquent

Les cinq positions de la DANSE se marquent 1, 2, 3, 4, 5.

Par conséquent celle des cinq positions que l'on voudra donner aux DEUX JAMBES TENDUES, sera indiquée par son NUMÉRO placé AU-DESSOUS de la ligne et du signe.

EXEMPLE.

     1   2   3   4   5

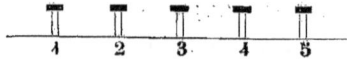

Dans les 3ᵐᵉ, 4ᵐᵉ et 5ᵐᵉ positions, le PIED DE DERRIÈRE sera indiqué PAR UN POINT PLACÉ A COTÉ DU N°, le NUMÉRO désignant TOUJOURS le PIED DE DEVANT et le POINT le PIED DE DERRIÈRE.

EXEMPLE.

3.   .3   4.   .4   5.   .5

Pied droit devant et gauche derrière. — Pied gauche devant et droit derrière. — Pied droit devant et gauche derrière. — Pied gauche devant et droit derrière. — Pied droit devant et gauche derrière. — Pied gauche devant et droit derrière.

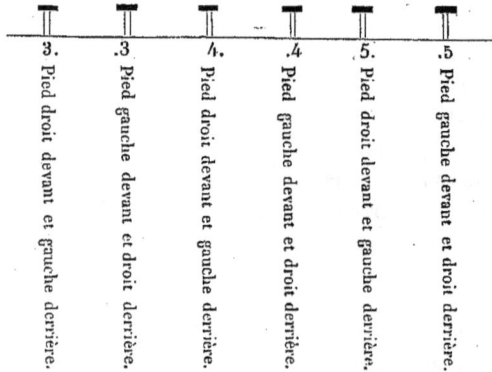

Dans les 1ʳᵉ et 2ᵐᵉ positions, les pieds se trouvant sur la même ligne, c'est-à-dire, sans pied de devant ni de derrière, l'emploi du point ne LES CONCERNE pas.

2°   Les deux jambes à terre, en dehors ET PLIÉES se marquent :

Les cinq positions de la danse sont applicables à ce mouvement comme à celui des jambes tendues.

EXEMPLE.

DES JAMBES PLIÉES dans les 5 positions.

1   2   5.   .4   5.   .5   .3

CHAPITRE TROISIÈME.

DES ANGLES DROITS.

LORSQU'UNE JAMBE EST A LA HAUTEUR DE LA HANCHE (soit à la quatrième devant, seconde ou quatrième derrière) et que l'on SUPPOSE UNE LIGNE IMMOBILE EN DIRECTION HORIZONTALE DES HANCHES, formant ÉQUERRE avec la jambe qui est EN L'AIR, on obtient : UN ANGLE DROIT.

Désignation des divers angles droits.

PREMIER ANGLE DROIT : la jambe gauche à terre et tendue et la jambe droite à la quatrième devant (hauteur de la hanche) et tendue :

EXEMPLE :

MÊME ANGLE EN SENS INVERSE : la jambe droite à terre et tendue et la jambe gauche à la quatrième devant (h. de la h.) et tendue :

EXEMPLE :

DEUXIÈME ANGLE DROIT : la jambe gauche à terre et tendue, et la jambe droite à la seconde (h. de la h.), et tendue :

EXEMPLE :

MÊME ANGLE EN SENS INVERSE : la jambe droite à terre et tendue, et la jambe gauche à la seconde (h. de la h.) et tendue :

EXEMPLE :

TROISIÈME ANGLE DROIT : la jambe gauche à terre et tendue, et la jambe droite à la quatrième derrière (h. de la h.), et tendue :

EXEMPLE :

MÊME ANGLE EN SENS INVERSE : la jambe droite à terre et tendue, et la jambe gauche à la quatrième derrière (h. de la h.), et tendue :

EXEMPLE :

On voit par la distribution de ces signes que la PETITE BARRE (quand elle est droite) indique la jambe qui est à LA HAUTEUR DE LA HANCHE et TENDUE, et que la GROSSE BARRE (quand elle est droite) indique la jambe qui est à terre et tendue.

Lorsque, dans un de ces trois angles droits, la jambe à terre EST PLIÉE et que celle en l'air est TENDUE, LA BARRE, DÉSIGNANT LA JAMBE QUI EST A TERRE, sera indiquée par UNE LIGNE BRISÉE et celle, désignant LA JAMBE QUI EST EN L'AIR ET TENDUE, PAR UNE LIGNE DROITE.

EXEMPLE :

Mais si, au contraire, LA JAMBE EN L'AIR EST PLIÉE, et QUE CELLE A TERRE SOIT TENDUE, c'est la barre désignant la jambe qui est en l'air, qui sera brisée, et celle, désignant la jambe qui est à terre et tendue, qui sera droite.

EXEMPLE :

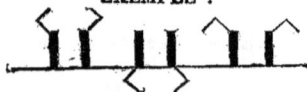

Enfin, lorsque les deux jambes, celle à terre et celle en l'air, sont PLIÉES, les deux barres seront BRISÉES.

EXEMPLE :

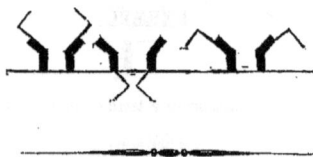

CHAPITRE QUATRIÈME.

APPLICATION, AUX ANGLES DROITS,

DES DIÈZES, BÉMOLS ET BÉCARRES.

LES TROIS ANGLES DROITS, dont je viens de parler en tête du chapitre précédent, peuvent être AUGMENTÉS ou DIMINUÉS, c'est-à-dire qu'ils peuvent devenir des angles OBTUS ou AIGUS, en admettant que l'on éloigne ou que l'on rapproche la jambe en l'air de la ligne supposée, formant équerre avec la jambe qui est en l'air.

Je me sers en danse, comme en musique :

1° DU DIÈZE POUR AUGEMNTER ;

2° DU BÉMOL POUR DIMINUER ;

3° DU BÉCARRE POUR REPLACER la jambe dans sa position naturelle.

ANGLES OBTUS OU AUGMENTÉS.

LA JAMBE DROITE A LA QUATRIÈME DEVANT (h. de la h.) PEUT SE PORTER à droite entre LA SECONDE et LA QUATRIÈME, sans déranger le pied qui est à terre.

CETTE POSITION forme UN ANGLE OBTUS OU AUGMENTÉ par rapport à la ligne supposée ; on l'indique par la quatrième devant naturelle avec un dièze.

LA MÊME POSITION de la jambe gauche à la quatrième devant et de la droite à terre, est indiquée par :

LA JAMBE DROITE A LA SECONDE (h. de la h.), se portant à droite entre la quatrième derrière et la seconde, sans déranger le pied qui est à terre, forme aussi, par rapport à la ligne supposée, un angle AUGMENTÉ ; on l'indique par la seconde naturelle avec un dièze.

LA MÊME POSITION de la jambe gauche à la seconde et la droite à terre est indiquée par :

LA JAMBE DROITE A LA QUATRIÈME DERRIÈRE (h. de la h.), se portant à droite entre la seconde et la quatrième derrière, sans déranger le pied qui est à terre, forme encore, par rapport à la ligne supposée, un angle augmenté) on l'indique par la quatrième derrière naturelle avec un dièze :

LA MÊME POSITION de la jambe gauche à la quatrième derrière et de la droite à terre, est indiquée par :

ANGLES AIGUS OU DIMINUÉS.

APPLICATION DU BÉMOL.

LA JAMBE DROITE A LA QUATRIÈME DEVANT (h. de la h.) peut se porter à gauche, c'est-à-dire CROISÉE sur la jambe qui est à terre, SANS DÉRANGER cette dernière. CETTE POSITION forme un angle AIGU ou DIMINUÉ, par rapport à la ligne supposée, et s'indique par le signe de la 4ᵐᵉ naturelle avec un bémol.

LA MÊME POSITION de la jambe gauche à la 4ᵐᵉ devant et de la droite à terre, s'indique par

LA JAMBE DROITE à la seconde (h. de la h.), se portant à gauche entre la 4ᵐᵉ devant et la seconde, sans déranger le pied qui est à terre, forme aussi, par rapport à la ligne supposée, un angle diminué; on l'indique par le signe de seconde naturelle avec un bémol

LA MÊME POSITION de la jambe gauche à la seconde et de la droite à terre s'indique par

LA JAMBE DROITE à la 4ᵐᵉ derrière, se portant à gauche, croisée sur la jambe qui est à terre, sans déranger cette dernière, forme encore, par rapport à la ligne supposée, un angle diminué ; on l'indique par le signe de la 4ᵐᵉ derrière naturelle, avec un bémol

LA MÊME POSITION de la jambe gauche à la 4ᵐᵉ derrière et de la droite à terre, s'indique par

APPLICATION DU BÉCARRE.

QUAND LA JAMBE EN L'AIR de l'un des trois angles droits aura été déplacée, par l'application au signe, d'un dièze ou d'un bémol, on se servira, SI ON VEUT RENDRE A LA JAMBE SA POSITION NATURELLE, d'UN BÉCARRE adapté au SIGNE SUIVANT de la même manière que l'ont été AU PRÉCÉDENT, le dièze ou le bémol.

EXEMPLE

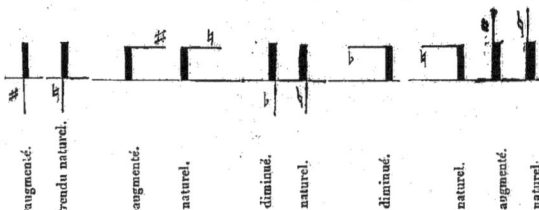

AUTRE EXEMPLE AVEC UNE OU DEUX JAMBES PLIÉES.

CES TROIS ANGLES DROITS, qu'ils soient naturels, augmentés ou diminués, tant avec les jambes tendues que pliées, peuvent se faire à demi-hauteur, c'est-à-dire entre la terre et la hauteur de la hanche.

En ce cas, on ajoutera $\frac{1}{2}$ au signe indiquant la position que l'on voudra faire exécuter à la $\frac{1}{2}$ hauteur.

EXEMPLE

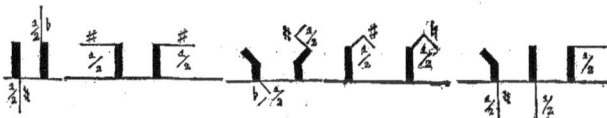

DES ANGLES DROITS AVEC LES DEUX JAMBES A TERRE.

CES MÊMES ANGLES DROITS , qu'ils soient NATURELS, AUGMENTÉS ou DIMINUÉS, avec les deux jambes TENDUES, ou une PLIÉE et l'autre TENDUE, ou encore toutes DEUX PLIÉES, peuvent se FAIRE à terre, c'est à dire en baissant la jambe qui est en l'air dans l'un des angles droits, de manière à ce que la POINTE du pied de cette jambe touche la terre. Dans l'exécution de ce mouvement, la jambe qui porte le corps reste placée de même que dans les angles précédents ; l'autre jambe indique à terre ce qu'elle indiquait en l'air.

Signe indiquant la jambe droite à la seconde, touchant la terre par la POINTE, et la jambe gauche SUPPORTANT le corps.

MÊME SIGNE DE L'AUTRE JAMBE.

Signe indiquant la jambe droite à la quatrième devant, touchant la terre par la POINTE, et la jambe gauche SUPPORTANT le corps.

MÊME SIGNE DE L'AUTRE JAMBE.

Signe indiquant la jambe droite à la quatrième derrière, touchant la terre par la POINTE, et la jambe gauche SUPPORTANT le corps.

MÊME SIGNE DE L'AUTRE JAMBE.

EXEMPLES de ces positions avec l'application de dièzes, bémols, bécarres, et une ou deux jambes PLIÉES.

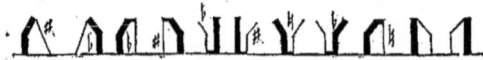

POSITION DÉRIVANT DES ANGLES DROITS.

1° POSITION D'UNE JAMBE RETIRÉE A CÔTÉ DE CELLE QUI EST A TERRE.

LA JAMBE GAUCHE A TERRE, tendue, et la droite RETIRÉE, de manière à ce que la pointe du pied de la jambe en l'air soit à CÔTÉ DU JARRET de celle qui est à terre, s'indique par

MÊME POSITION DE L'AUTRE JAMBE.

CETTE POSITION DE JAMBE peut se faire à demi-hauteur, c'est-à-dire, EN DESCENDANT la jambe en l'air, jusqu'à ce que la pointe soit A CÔTÉ du talon de la jambe qui est à terre ; elle s'indique par le signe précédent, en y ajoutant $\frac{1}{2}$.

EXEMPLE
de l'une et de l'autre jambe.

2° POSITION D'UNE JAMBE RETIRÉE ET PLACÉE SUR LA JAMBE QUI EST A TERRE,
(dite sur le cou-de-pied.)

CETTE POSITION S'INDIQUE PAR

Jambe droite sur le cou-de-pied.   Jambe gauche sur le cou-de-pied.

La même position, dite sur le COU-DE-PIED DERRIÈRE, s'indique par

Jambe droite sur le cou-de-pied derrière.   Jambe gauche sur le coup-de-pied derrière.

EXEMPLE DES QUATRE POSITIONS PRÉCÉDENTES, avec la jambe à terre PLIÉE.

CHAPITRE QUATRIÈME.

LE ROND DE JAMBE.

IL Y A DEUX SORTES DE RONDS DE JAMBES :

Le rond de jambe EN DEHORS et le rond de jambe EN DEDANS.

Le rond de jambe se prend toujours avec une jambe A TERRE et l'autre EN L'AIR, placée en SECONDE.

Cette dernière jambe indique le DIAMÈTRE du CERCLE qui va se décrire Si le rond de jambe est EN DEHORS, la jambe qui va décrire le ROND se porte d'abord EN ARRIÈRE, continue ensuite son CERCLE et REVIENT à son POINT DE DÉPART ;

SI, AU CONTRAIRE, le rond de jambe est EN DEDANS, la jambe se porte d'abord EN AVANT, continue son CERCLE et REVIENT à son POINT DE DÉPART.

LE ROND DE JAMBE, qu'il soit en DEHORS ou en DEDANS, peut se faire :

1° A LA HAUTEUR DE LA HANCHE ; 2° A LA DEMI-HAUTEUR ; 3° A TERRE.

(1°) Signe indiquant le ROND DE JAMBE EN DEHORS (h. de la h.).

Signe indiquant le rond de jambe EN DEDANS (h. de la h.)

(2°) Signe indiquant le rond de jambe EN DEHORS (demi-hauteur).

Signe indiquant le rond de jambe EN DEDANS (demi-hauteur).

(3°) igne indiquant le rond de jambe EN DEHORS (à terre).

Signe indiquant le rond de jambe EN DEDANS (à terre).]!

GALERIE
des Maîtres de Ballets et Chorégraphes.

Charles Louis BEAUCHAMPS.

NOTICE

BEAUCHAMPS.

BEAUCHAMPS (Charles-Louis), né à Versailles, en 1636, fut le premier qui occupa la place de *Maître de ballets* à l'Académie royale de musique, fondée par *Louis XIV*.

L'histoire de la danse lui doit *la Chorégraphie ou l'art de décrire la danse par signes*; c'est lui, sans contredit, qui en eut la première idée, et qui en fut déclaré l'inventeur, par arrêt en bonne forme du Parlement de Paris.

Petit de taille, mais vif et spirituel, BEAUCHAMPS avait la répartie brève et mordante. Dans sa jeunesse, il fut d'abord employé subalterne : il remplissait dans les fêtes et spectacles de l'époque, les rôles infimes de porteur de lettres, marmiton, égyptien, chasseur, etc., recevait les soufflets, les coups de pied et les coups de bâton, et était même parfois *moucheur de chandelles*.

Quelque futiles que pouvaient être ces emplois, il paraît cependant qu'il trouva encore moyen de s'y faire remarquer, car il fut chargé par *Molière* de régler le divertissement *des Fâcheux*, dont la première représentation eut lieu le 17 août 1661, devant le roi et la reine-mère, à la fameuse fête qui fut donnée à leurs Majestés, par le surintendant des finances *Fouquet*, à sa maison de Vaux.

Les danses se ressentirent bien un peu de la précipitation avec laquelle elles furent ajoutées à la pièce, qui elle-même fut faite, apprise et jouée en quinze jours.

Néanmoins, si le talent du jeune chorégraphe ne brilla pas de tout son éclat naissant, celui de l'artiste exécutant s'y fit remarquer par sa danse vive et correcte.

Peu de temps après, *Lulli*, chargé par le roi d'organiser une fête au Louvre, tomba subitement malade, et ne put continuer ses répétitions; il ne craignit pas de remettre ses pleins pouvoirs à BEAUCHAMPS, en le chargeant de continuer son œuvre à peine commencée. Cette circonstance décida de l'avenir de l'artiste, en lui permettant de révéler un véritable talent de compositeur : son coup d'essai fut un coup de maître, et l'on parle encore aujourd'hui du ballet des *Amours déguisés*, appelé ensuite par excellence *Grand ballet du roi*, représenté au Louvre en 1664.

Ce fut dans ce ballet que le roi, remarquant la facilité avec laquelle BEAUCHAMPS composait des danses neuves et pleines de goût (1), le nomma directeur de l'Académie de danse, et surintendant des ballets de la Cour.

Ce ne fut qu'en 1666 que l'on créa, pour BEAUCHAMPS, le titre et l'emploi de *Maître de ballets*.

Dès ce moment, ses triomphes ne connurent plus de bornes; à trente ans, il était déjà collaborateur de *Lulli*, de *Quinault* et de l'immortel *Molière*, et sut, pour sa part, ajouter quelques feuilles à leurs moissons de lauriers. Il se distingua particulièrement dans *la Princesse d'Élide*, en 1664, dont le divertissement, d'un genre espagnol, fit une véritable sensation, *M. de Pourceaugnac*, en 1669, *les Amants magnifiques* et *le Bourgeois gentilhomme*, en 1670.

BEAUCHAMPS prenait part comme danseur, à toutes ses compositions, et recueillait à la fois les bravos donnés à l'auteur et ceux accordés au talent de l'artiste.

En 1671, pour avoir composé le divertissement de *Psyché*, et en avoir conduit la musique, il reçut, pendant le cours même de la représentation, une récompense de onze cents livres.

Il ne s'arrêta pas en si beau chemin, il ajouta encore aux fleurons de sa couronne *les Fêtes de l'Amour et de Bacchus*, en 1672, et *le Triomphe de l'Amour*, donné au Château de St-Germain, en 1681.

Dans ce dernier ouvrage, BEAUCHAMPS eut l'insigne honneur de danser, habillé en femme, avec *S. M. Louis XIV* (2); ce fut ce ballet, représenté quelque temps après à Paris, qui donna lieu à la première introduction des danseuses sur le théâtre de l'Opéra; jusque-là, ces rôles avaient été remplis par des hommes travestis en femmes.

---

(1) Jusqu'à cette époque, on appelait Entrée de ballet l'exécution d'une *Pavane*, *Gavotte*, *Courante*, d'un *branle* quelconque intercalé comme intermède dans les pièces de théâtre lyriques ou dramatiques.

(2) On sait que le grand roi ne dédaignait pas parfois de prendre part, comme acteur, aux jeux du théâtre.

Les abonnés de l'Opéra et les amateurs de ballets doivent lui savoir un gré infini de cette transformation ; car, bien que ce progrès soit attribué à *Lulli*, il n'en appartient pas moins à Beauchamps, dont l'exiguité de taille et les traits fortement accentués lui faisaient éprouver une grande répugnance à s'habiller en femme. C'est ce motif, sans doute, qui lui suggéra l'idée de cette heureuse substitution qu'il communiqua à *Lulli* qui s'empressa de la mettre à exécution.

Cela prouve, encore une fois de plus, que, dans ce monde, l'innovation est rarement profitable à son auteur, les imitateurs ou les propagateurs recueillent seuls la moisson ensemencée par le génie.

C'est ainsi que MM. *Feuillet* et *Dessais* profitèrent plus tard de l'invention et des travaux de Beauchamps (dont il ne reste plus aucune trace aujourd'hui), en faisant paraître en 1703 et 1709, un ouvrage de danses de salon, décrites en signes chorégraphiques, d'après le système de cet auteur.

Beauchamps forma un grand nombre d'élèves qui témoignent suffisamment qu'il n'eut pas moins de mérite comme professeur que comme danseur et maître de ballets ; au nombre de ses disciples, il faut citer en première ligne son neveu *Blondy*, plus tard, l'émule et le rival heureux du célèbre *Ballon*.

Disons encore qu'en inaugurant les fonctions de Maître de ballets, il sut en tracer, d'une manière aussi admirable que complète, les devoirs et les attributions. Il est fâcheux d'ajouter que ses enseignements ne furent pas toujours suffisamment suivis par ses successeurs.

Né d'origine obscure, Beauchamps fut un artiste distingué, et sut s'élever par son talent à une brillante position, qu'il soutint jusqu'à ses derniers moments. Il mourut à Paris en 1705, à l'âge de 69 ans.

LOUIS PÉCOUR.

NOTICE

LOUIS PÉCOUR.

Louis Pécour naquit à Paris, en 1655; il fut, après *Beauchamps*, celui qui eut le plus de renommée, comme danseur et comme maître de ballets.

Il débuta au théâtre de l'Opéra, en 1674, à l'âge de 19 ans.

Dès son apparition, on reconnut en lui un danseur spirituel, élégant, original et de bon goût : encouragé par ses premiers succès qui furent brillants, autant que mérités, *Pécour* ne tarda pas à occuper la première place parmi les artistes de son époque.

Pécour n'était point seulement danseur et maître de ballets; il était artiste, il était homme de génie; il le prouva en faisant faire à la *haute danse* un progrès gigantesque qu'il était permis à lui seul de tenter; en effet, il n'y a que l'homme supérieur qui ait le droit de pénétrer dans cette voie périlleuse des innovations, parce que lui seul connaît les limites de l'art et du goût.

C'est *Pécour* que *La Bruyère* dépeint sous le nom de *Batylle*, quand il dit à *Lélie* : « Où trouverez-vous, je ne dis pas dans l'ordre des chevaliers que vous dé-« daignez, mais même parmi les farceurs, un jeune homme qui s'élève si haut, en « dansant, et qui fasse mieux la cabriole.?... »

Ces quelques mots du grand moraliste prouvent suffisamment combien *Pécour* étonnait, autant par son *élasticité* que par son exécution.

Bien supérieur à *Beauchamps* comme danseur, son étoile brilla de toute sa splendeur jusqu'à l'apparition du grand *Dupré*, qui eut lieu en 1722.

En 1706, *Louis XIV* nomma *Pécour* maître de ballets à l'Académie royale de musique, en remplacement de *Beauchamps*. Il ne put jamais atteindre, comme maître de ballets, à la hauteur de son prédécesseur.

Il composa les ballets : *le Jugement de Páris, les Ages, Hyperméneste, les Éléments, les Fêtes de Villers-Cotterets, Prothée* et tant d'autres, où l'on ne reconnaît, presque nulle part la nouveauté dont il avait si bien caractérisé sa danse d'exécution.

Aimable et beau cavalier, plein de grâce et de prestance, *Pécour* était, à plus d'un titre, recherché par la haute société ; il était l'Adonis et le favori de ces dames; aussi, ses succès lui firent-ils négliger sa gloire théâtrale.

Si l'on en croit la chronique, *M. le duc de Choiseul* l'aurait plus d'une fois rencontré sur le chemin de ses amours, et principalement chez la belle *Ninon de l'Enclos*. L'on rapporte même qu'un jour, le maréchal ayant rencontré chez *Ninon*, le danseur vêtu d'un habit chamarré qui ressemblait à un uniforme : lui dit d'un ton railleur : « Ah ! Ah ! Et depuis quand militaire, M. *Pécour*? Dans quel corps ser- « vez-vous?»—« Maréchal, répondit spirituellement *Pécour*, je commande dans un « corps où vous servez depuis longtemps. »

Nous retrouvons encore l'auteur des caractères s'occupant du danseur à la mode; mais cette fois, c'est dans sa vie privée qu'il a daigné descendre : *La Bruyère* s'exprime en ces termes : « Pour celui-là, la presse y est trop grande, et il refuse plus « de femmes qu'il n'en agrée. »

Comme on le voit, rien ne manqua à *Pécour*. Enfant gâté de la renommée, elle couvrit à la fois son front des lauriers de la gloire et des roses de l'amour.

Après cela, comment s'étonner que *Pécour*, enivré de ses succès de tous genres, préférât commander *les corps de ballets* des marquises et des duchesses, à ceux de l'Opéra ; car à cette époque (et ne pas confondre 1700 avec 1800) le théâtre était le règne des *hommes* et *des danseurs !!* Un siècle s'est écoulé depuis cette époque ! Oh ! révolution des temps !!! Les pauvres baladines aspiraient alors à un sourire de leur seigneur et maître de danse, comme aujourd'hui la race proscrite du baladin recherche un geste bienveillant de la dernière des coryphées.

Du reste, qu'il nous soit permis de dire que nos dames du théâtre d'aujourd'hui savent suffisamment venger les affronts reçus jadis par leurs devancières.

Mais revenons à l'enfant prodigue, que nous avons laissé s'échappant de l'Opéra pour aller cueillir d'autres palmes dans les salons dorés. C'est *Pécour* qui composa tous ces pas de salons qui eurent une vogue si grande, et que les maîtres de danse de l'époque s'arrachaient pour les transmettre de quartiers en quartiers jusqu'aux guinguettes des faubourgs; parmi ces compositions légères, sont : *la bourrée d'Achille, la Mariée, le Passe-pied, la Contredanse, le Rigaudon des vaisseaux, la Bourgogne, La Savoye, La Forlana, La Conty*, et tant d'autres danses dont raffolaient la cour et la ville.

Ces danses furent toutes *décrites* et gravées en signes chorégraphiques d'après le système de *Beauchamps* et publiées par *Feuillet* et *Dessais*.

Bien que *Pécour* n'apportât rien de nouveau dans le système de la *chorégraphie*, il s'en occupa avec le plus vif intérêt, et corrigea, avec le plus grand soin, les épreuves de cet ouvrage.

Pécour mourut à Paris, en 1729, à l'âge de 74 ans, et, pendant cette longue carrière, il ne vit pas se ternir, un seul instant, la splendeur de sa gloire.

RÉSUMÉ DE LA TROISIÈME LIVRAISON.

CHAPITRE CINQUIÈME.

DES MOUVEMENTS EXÉCUTÉS EN L'AIR.

DANS LE CHAPITRE PREMIER, il est dit : « Sur les lignes 1, 2, 3, 4 et 5 seront placés les signes indiquant les mou-
» vements des pieds et des jambes exécutés à terre. Les signes des mouvements en l'air seront placés au-dessus de
» ces lignes. »

TOUS LES SIGNES DES CHAPITRES DEUXIÈME, TROISIÈME et QUATRIÈME sont placés SUR la ligne qui en
représente une des cinq (Voir Chap. Ier, exemple des six lignes, lettre (ª).) destinées à RECEVOIR LES SIGNES des
mouvements EXÉCUTÉS A TERRE.

MAIS QUAND UN DES SIGNES DES CHAPITRES DEUXIÈME, TROISIÈME et QUATRIÈME devra être exécuté EN
L'AIR, il ne différera de celui qui indique le mouvement A TERRE, qu'en ce que la BASE du signe ne TOUCHERA pas
une des cinq lignes représentant LA TERRE.

EXEMPLE :

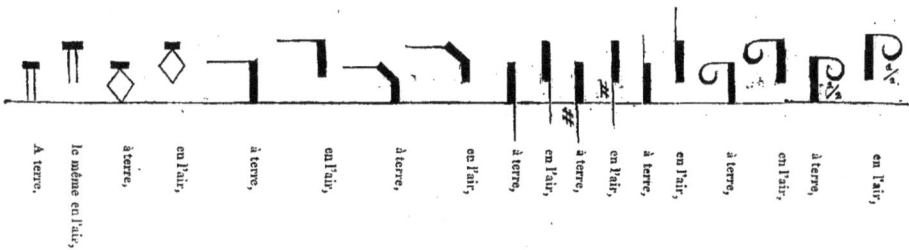

et ainsi de suite pour tous les autres mouvements.

CHAPITRE SIXIÈME.

DES BRAS ET DU HAUT DE CORPS.

AU CHAPITRE PREMIER, IL EST DIT :

QU'UNE SIXIÈME LIGNE, placée au DESSUS des cinq autres et détachée des plans, représente la LIGNE DES ÉPAULES (Voir exemple des six lignes, lettre (°).)

Cette ligne est consacrée à recevoir les signes indiquant les mouvements du CORPS ET DES BRAS, dont je donne ci-après l'explication.

POUR INDIQUER le CORPS et les BRAS, je me sers :

1° D'UN POINT ayant la forme et la grosseur d'une NOIRE de musique, et qui représente LA TÊTE :

EXEMPLE :

2° D'UNE LIGNE VERTICALE partant de la NOIRE vers le bas du papier, et qui représente LE CORPS,

3° DE DEUX TRAITS COURBES, en forme de deux grandes virgules, qui représentent les DEUX BRAS.

Ces virgules sont placées, l'une A LA DROITE et l'autre A LA GAUCHE de la ligne du corps, prenant toutes deux leur point de départ sur la ligne DITE DES ÉPAULES,

EXEMPLE :

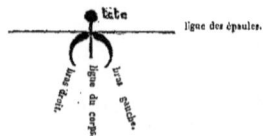

CHAPITRE SEPTIÈME.

DIFFÉRENTES POSITIONS DES BRAS.

(Dans les positions suivantes, le corps est supposé de face droit.)

Signes indiquant LES BRAS BAS,

Signes indiquant les bras à LA SECONDE,

Signes indiquant LES BRAS HAUT,

Signes indiquant un bras HAUT et l'autre droit EN SECONDE,

Signes indiquant un bras arrondi en seconde DIT DEMI-BRAS et l'autre droit en seconde,

Signes indiquant un bras arrondi en seconde DIT DEMI-BRAS et l'autre haut,

Signes indiquant les deux bras en avant, dits AU PUBLIC.

CHAPITRE HUITIÈME.

DES ÉPAULEMENTS ET POSITIONS PENCHÉES DU CORPS.

LE CORPS placé sur une ou deux jambes peut S'ÉPAULER à droite ou à gauche.

Pour indiquer L'ÉPAULEMENT, on se servira d'un DIÈZE placé contre la ligne du corps, DU COTÉ OU SERA L'ÉPAULEMENT,

EXEMPLES :

Corps droit, épaulement à droite.

Corps droit, épaulement à gauche.

Si le corps n'est PAS de FACE et qu'il soit TOURNÉ d'un QUART ou d'un DEMI-TOUR, on REMPLACERA LE DIÈZE PAR $\frac{1}{4}$ ou $\frac{1}{2}$.

EXEMPLES :

Corps droit, tourné d'un $\frac{1}{4}$ de tour à gauche.

Idem.   à droite.

Idem. $\frac{1}{2}$ de tour à gauche.

Idem.   à droite.

Quand le CORPS aura UNE POSITION PENCHÉE (telle que dans les arabesques), la ligne indiquant le corps sera penchée DU COTÉ DU CORPS,

Corps de face penché du côté droit (avec les bras bas).

Corps de face penché du côté gauche (*idem.*)

Corps tourné d'un $\frac{1}{4}$ de tour et penché à droite (avec les bras en arabesque).

Idem   de l'autre côté.

Corps tourné d'un $\frac{2}{2}$ tour et penché du côté GAUCHE (les deux bras haut.)

Idem   de l'autre côté.

EXEMPLES DE L'ADAPTATION
DES SIGNES DU HAUT DU CORPS ET DES BRAS AUX SIGNES DES JAMBES.

NOTA. Comme on voit par l'exemple ci-dessus, les signes du corps doivent être placés en LIGNE DIRECTE AU-DESSUS de ceux des jambes, tant pour la régularité de celui qui écrit, que pour faciliter le lecteur de sténochorégraphie.

CHAPITRE NEUVIÈME.

DES SIGNES ACCESSOIRES.

Lorsqu'un signe n'indique pas par lui-même une des positions principales ou fondamentales, expliquées dans les chapitres 2, 3, 4, 5, 6, 7 et 8 ; il se nomme alors SIGNE ACCESSOIRE.

Il s'adapte au signe fondamental pour y apporter une variation, complication ou nuance quelconque, sans cependant changer le principe et la base du signe principal.

SIGNE ACCESSOIRE INDIQUANT DESSUS.

CE SIGNE se place DEVANT, c'est-à-dire AU-DESSOUS D'UNE DES LIGNES DE PLAN.

EXEMPLE :

— Signe indiquant DESSUS.   Ligne de plan.

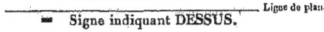

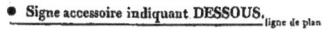

IL S'EMPLOIE dans le cas où

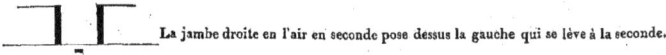

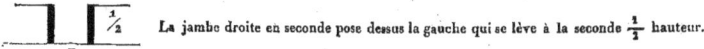

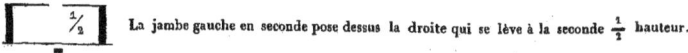

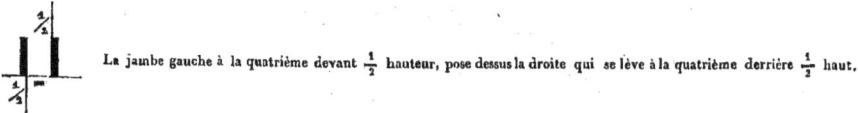

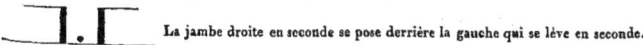

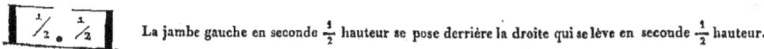

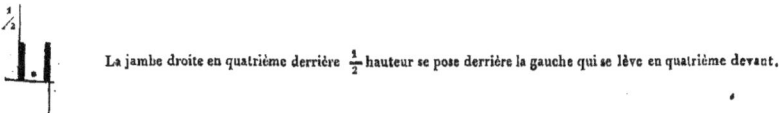

La jambe droite en l'air en seconde pose dessus la gauche qui se lève à la seconde.

La jambe droite en seconde pose dessus la gauche qui se lève à la seconde $\frac{1}{2}$ hauteur.

La jambe gauche en seconde pose dessus la droite qui se lève à la seconde $\frac{1}{2}$ hauteur.

La jambe gauche à la quatrième devant $\frac{1}{2}$ hauteur, pose dessus la droite qui se lève à la quatrième derrière $\frac{1}{2}$ haut.

SIGNE ACCESSOIRE INDIQUANT DESSOUS.

CE SIGNE se place DERRIÈRE, c'est-à-dire AU-DESSUS D'UNE DES LIGNES DE PLAN.

EXEMPLE :

● Signe accessoire indiquant DESSOUS. ligne de plan.

IL S'EMPLOIE dans le cas où

La jambe droite en seconde se pose derrière la gauche qui se lève en seconde.

La jambe droite en seconde $\frac{1}{2}$ hauteur se pose derrière la gauche qui se lève en seconde $\frac{1}{2}$ hauteur.

La jambe gauche en seconde $\frac{1}{2}$ hauteur se pose derrière la droite qui se lève en seconde $\frac{1}{2}$ hauteur.

La jambe droite en quatrième derrière $\frac{1}{2}$ hauteur se pose derrière la gauche qui se lève en quatrième devant.

SIGNES ACCESSOIRES INDIQUANT ALLONGER OU PORTER DE COTÉ.

Quand une jambe est EN L'AIR EN SECONDE ou $\frac{1}{2}$ SECONDE ou A TERRE, et que l'on devra poser cette jambe en L'ALLONGEANT DE COTÉ, on se servira du signe $>$, si c'est ALLONGER A DROITE ; et du signe $<$, si c'est ALLONGER A GAUCHE.

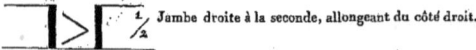

Jambe droite à la seconde, allongeant du côté droit.

En exécutant ce mouvement la gauche se lève à $\frac{1}{2}$ hauteur lorsque l'on pose la droite.

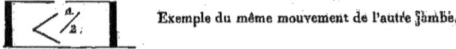

Exemple du même mouvement de l'autre jambe.

Enfin, tout mouvement prononcé qui doit se faire à droite ou à gauche de l'individu, nécessite un des signes ci-dessus.

NOTA. Pour allonger ou porter en avant ou en arrière, aucun signe particulier n'est nécessaire ; il suffit pour marquer un de ces mouvements d'avancer ou de reculer d'un plan le signe indiquant le mouvement qui doit se faire en avant ou en arrière.

EXEMPLES :

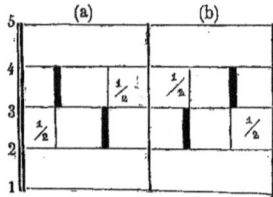

Dans l'exemple (a) la jambe DROITE est EN QUATRIÈME $\frac{1}{2}$ hauteur, elle ALLONGE EN AVANT en se posant, tandis que LA DROITE se lève EN QUATRIÈME DERRIÈRE $\frac{1}{2}$ hauteur.

Dans l'exemple (b) la jambe GAUCHE est à la QUATRIÈME DERRIÈRE $\frac{1}{2}$ hauteur ; elle ALLONGE EN ARRIÈRE, en se posant, pendant que la DROITE se lève EN QUATRIÈME DEVANT $\frac{1}{2}$ hauteur.

On peut encore ALLONGER EN AVANT OBLIQUEMENT ou ALLONGER EN ARRIÈRE OBLIQUEMENT ; ces différentes manières d'ALLONGER peuvent toutes s'indiquer avec ces QUATRE MARCHES expliquées ci-dessus ; c'est-à-dire, DE COTÉ A DROITE, DE COTÉ A GAUCHE, EN AVANT ET EN ARRIÈRE. — Ces marches obliques dépendent ou de la position de la jambe ou de la position du corps.

EXEMPLES DE MARCHES OBLIQUES.

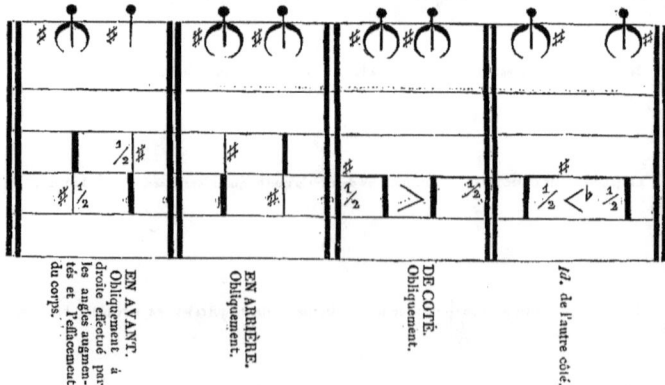

SIGNE ACCESSOIRE INDIQUANT LE GLISSÉ.

GLISSER se dit d'une jambe qui part d'une position pour aller à une autre EN TRAINANT A TERRE.

Le signe indiquant le GLISSÉ est un TRAIT COURBE, comme celui du Coulé ou LEGATO, dont on se sert en musique.

EXEMPLE :

EXEMPLES DE L'APPLICATION DE CE SIGNE.

Dans cet exemple la jambe gauche en seconde à terre glisse pour venir en cinquième tendue.

Jambe à terre pliée, jambe gauche en quatrième derrière à terre glissant pour venir en cinquième tendue.

Jambe à terre pliée, jambe droite en quatrième devant à terre glissant pour venir en troisième tendue.

SIGNES ACCESSOIRES INDIQUANT LES POSITIONS DE LA DEMI-POINTE ET DE CELLE DITE SUR L'ORTEIL.

1° ÊTRE SUR LA DEMI-POINTE se dit de la position de pied dans laquelle le TALON QUITTE LA TERRE, tandisque le CORPS PORTE SUR LE DEVANT DU PIED, (c'est-à-dire la position dans laquelle le corps porte sur le DESSOUS DES OS SÉSAMOIDES ET MÉTATARSIENS DES DOIGTS du pied.)

Cette position s'indique par un ACCENT PERPENDICULAIRE posé sous la barre de la jambe qui doit être sur la demi-pointe.

EXEMPLE :

2° ÊTRE SUR L'ORTEIL se dit de la position de pied dans laquelle le corps porte SUR LE BOUT DES ORTEILS du pied. (C'est-à-dire la position dans laquelle le corps porte sur la PHALANGETTE du GROS ORTEIL et sur les PHALANGINES des QUATRE AUTRES DOIGTS).

Cette position s'indique par UN PETIT ZÉRO posé sous la barre de la jambe qui doit être sur l'orteil.

EXEMPLE :

SIGNE ACCESSOIRE INDIQUANT LA PIROUETTE.

———

PIROUETTE se dit en danse de l'action d'UN TOUR ENTIER qu'on fait de TOUT LE CORPS sur LA POINTE D'UN ou DE DEUX PIEDS. On peut pirouetter EN DEHORS ou EN DEDANS.

PIROUETTER EN DEHORS, c'est TOURNER DU COTÉ DE LA JAMBE qui est EN L'AIR quand il y en a une en l'air et l'autre à terre, ou DU COTÉ DE LA JAMBE DE DERRIÈRE, quand on est sur les deux pieds.

PIROUETTER EN DEDANS, c'est TOURNER DU COTÉ DE LA JAMBE qui est A TERRE quand il y en a une en l'air, ou de TOURNER DU COTÉ DE LA JAMBE DE DEVANT quand on est sur les deux pieds. Mais pour éviter toute confusion, j'ai adopté deux signes, l'un pour tourner à gauche, l'autre pour tourner à droite ; la position des jambes indiquera si c'est en dedans ou en dehors.

SIGNES INDIQUANT LA PIROUETTE.

Tourner à gauche. — Tourner à droite. — Tourner à droite.

Lorsqu'il y aura PLUS D'UN TOUR à faire sur un ou deux pieds, on désignera par un numéro suivi d'UN *T*, et PLACÉ EN DESSOUS DU SIGNE DE PIROUETTE, le NOMBRE de tours que l'on voudra faire exécuter.

EXEMPLE :

2 t.   3 t.   4 t.   5 t.   3 t.   2 t.

EXEMPLE DE L'APPLICATION DU SIGNE PIROUETTE.

Troisième position.

Jambe droite 1/4 hauteur, bras à la seconde.

Seconde pliée, demi-bras, également à gauche.

Seconde naturelle, bras tendus, demi-pointe, tourner quatre tours.

Jambe droite seconde 1/2 hauteur.

Quatrième diminuée.

en tournant, un tour pour les deux positions.

Position cou-de-pied derrière

Jambe gauche 1/2 hauteur en seconde.

Pliée en quatrième, jambe gauche derrière.

Position cou-de-pied, cinq tours sur la demi-pointe.

SIGNE ACCESSOIRE INDIQUANT

L'ENTRECHASSEMENT ou LES TEMPS BATTUS.

On appelle BATTRE, le mouvement que font les jambes EN FRAPPANT EN L'AIR L'UNE SUR L'AUTRE.

Tous les MOUVEMENTS BATTUS se composent d'un mouvement SIMPLE et d'un mouvement FRAPPANT, DEVANT ou DERRIÈRE, c'est-à-dire DESSUS ou DESSOUS.

Le signe adopté pour BATTRE DESSUS se place de la même manière que le signe désigné pour indiquer POSER DESSUS, c'est-à-dire DEVANT LA LIGNE DE PLAN. — Le signe adopté pour BATTRE DESSOUS est placé comme le signe désigné pour indiquer POSER DESSOUS, c'est-à-dire DERRIÈRE LA LIGNE DE PLAN.

EXEMPLE :

Ligne de plan. ——┴—— Signe indiquant BATTRE DEVANT ou DESSUS.

——┐—— *Idem.* BATTRE DERRIÈRE ou DESSOUS.

——┌—— *Idem.* BATTRE DEVANT et DERRIÈRE.

——┴—— *Idem.* BATTRE DERRIÈRE et DEVANT.

——┌┐—— *Idem.* BATTRE DEVANT, DERRIÈRE et DEVANT.

——└┘—— *Idem.* BATTRE DERRIÈRE, DEVANT et DERRIÈRE.

EXEMPLES
DE L'ADAPTATION DU SIGNE **BATTRE** AUX SIGNES SIMPLES OU FONDAMENTAUX.

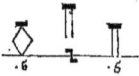

Cinquième position pliée, jambe gauche devant, mouvement en l'air battu derrière et devant, retombée en cinquième fendue, pied gauche devant; ce qui forme un entrechat à quatre.

Même mouvement de l'autre jambe, (c'est-à-dire entrechat à quatre, jambe droite devant).

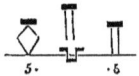

Cinquième position jambes pliées, pied droit devant; mouvement en l'air battu derrière, devant, et derrière, retombée en cinquième tendue, pied gauche devant : ce qui forme un entrechat.

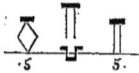

Même mouvement de l'autre jambe.

Jambe droite $\frac{1}{2}$ hauteur ; mouvement en l'air les deux jambes tendues, battu devant et derrière, retombé sur la jambe droite, la gauche $\frac{1}{2}$ hauteur.

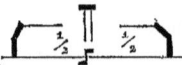

Même mouvement de l'autre jambe.

Ainsi de suite pour tous les mouvements battus.

SIGNE ACCESSOIRE INDIQUANT

DE MÊME ou LA MÊME CHOSE.

EXEMPLE

Ce signe a en Sténochorégraphie la même signification qu'il a en musique et s'emploie de même ; c'est-à-dire à SUITE DU SIGNE, et comme ABRÉVIATION de la répétition du signe qui le précède. — Il s'adapte également aux signes des jambes comme à ceux des bras et du corps.

SIGNE ACCESSOIRE INDIQUANT

LE LIÉ ou LEGATO.

EXEMPLE

Ce signe a encore en Sténochorégraphie la même signification qu'il a en musique. Il sert à LIER plusieurs mouvements ensemble, et ne diffère de celui du Glissé, qu'en ce que le signe GLISSÉ pose par ses deux extrémités sur une des lignes de plan, tandis que le signe LIÉ s'adapte AU-DESSUS ou AU-DESSOUS des six lignes.

SIGNE ACCESSOIRE INDIQUANT
CONTINUATION.

EXEMPLE

Ce signe indique aussi comme en musique la CONTINUATION d'un mouvement de jambes, de bras ou de corps jusqu'à l'endroit où ce signe s'arrête.

ABRÉVIATIONS
S'ADAPTANT AU PETIT BATTEMENT DOUBLE A TERRE
ET AU PETIT ROND DE JAMBE DOUBLE.

Pour Sténochorégraphier un PETIT BATTEMENT DOUBLÉ, il faut DÉCOMPOSER LES MOUVEMENTS de la jambe qui fait le petit battement : ce qui donne CINQ MOUVEMENTS.

EXEMPLE

Mais le PETIT BATTEMENT DOUBLÉ étant un temps fort usité et généralement employé sur un mouvement vif, on se servira du signe

pbt.

En y ajoutant les lettres PBT, AU-DESSOUS de la ligne de plan.

Il en sera de même pour le PETIT ROND DE JAMBE SAUTÉ DOUBLE, très usité aussi qui s'indiquera COMME LE SIGNE DU ROND DE JAMBE EN L'AIR en y ajoutant les lettres DB. signifiant DOUBLE, placée AU-DESSOUS de la ligne de plan.

EXEMPLES

db.   db.   db.   db.

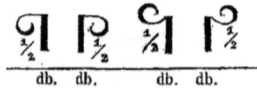

FIN DES SIGNES DE LA STÉNOCHORÉGRAPHIE.

Jean Georges NOVERRE.

NOTICE

NOVERRE.

Jean-Georges NOVERRE, maître de ballets, se rendit célèbre par les réformes dont il fut le principal auteur. Né à Paris en 1727, il paraissait destiné à la profession des armes par son père, officier dans l'armée de Charles XII, mais il n'était pas au nombre des jeunes gens dont la vocation est incertaine, et que l'on peut diriger sans consulter leur goût. Après avoir pris des leçons de danse avec Dupré, fameux à cette époque, il débuta devant la cour, à Fontainebleau. Malgré quelques encouragements flatteurs, il ne tarda pas à se rendre à Berlin où il espérait recevoir de forts honoraires. Il n'y fut satisfait que de l'accueil caressant du prince Henri. *Frédéric*, le Grand, qui n'était Prussien qu'à la guerre, était favorable sans doute aux artistes étrangers, mais pourvu qu'ils lui coûtassent peu. Rentré en France dès l'année 1749, Noverre donna son ballet chinois, dont le faible succès contribua beaucoup à lui faire sentir l'importance d'obtenir plus d'accord entre le costume et les décorations. Trois autres ballets suivirent ces premiers essais; mais Garrick l'ayant ensuite appelé à Londres, le jeu si expressif de ce grand comédien lui suggéra l'idée d'animer la danse par la peinture des diverses passions, et de faire du métier des danseurs un véritable art, en les forçant d'imiter celui des anciens pantomimes.

Il lut tout ce qui pouvait lui fournir les moyens d'élever les ballets au rang des conceptions dramatiques, et comme toute idée, même dans les arts, peut susciter des sentiments généreux, *Noverre* désira d'abord faire jouir sa patrie des avantages de ce projet.

Il eut à lutter, à Paris, contre des sentiments contraires à ceux qu'entretient l'intérêt personnel.

Il rencontra dans les directeurs d'opéras des hommes qui considéraient uniquement les arts comme des objets de spéculation et il échoua malgré la protection de la marquise de Pompadour. C'est alors qu'il donna sur le théâtre de Lyon quatre ballets où les figurantes parurent sans paniers et sans tonnelets. Il préludait ainsi aux réformes générales dont il fit sentir la nécessité dans ses Lettres sur la danse. L'Opéra de Paris, et pour ainsi dire tous les danseurs, n'entrevirent pas sans indignation la nécessité où ils pourraient être de faire de nouvelles études. Il ne s'agissait de rien moins que d'adopter des gestes et des mouvements à la fois pittoresques et convenables aux personnages et de renoncer aux masques comme aux perruques. Voltaire, qui fit tant pour la réforme des théâtres, goûta aussitôt les idées de *Noverre*, et lui écrivit en 1760 :

« Le titre de votre livre n'annonce que la danse, mais vous donnez des lumières sur
» tous les arts; votre style est aussi éloquent que vos ballets ont d'imagination. Vous
» me paraissez si supérieur dans votre genre que je ne suis pas étonné que vous
» ayez essuyé des dégoûts. » Contrarié ou négligé en France, *Noverre* fut honorablement reçu à Stuttgard par le Grand duc; il y composa plusieurs ballets historiques dont Vestris reconnut le mérite dans ses excursions, et qu'il vanta à Vienne, et ensuite à Paris.

Appelé à l'occasion d'un mariage dans la famille impériale à Vienne, *Noverre* y fut nommé maître de ballets et directeur des fêtes de la cour. Marie-Thérèse le choisit pour maître dans sa famille, et répandit sur lui d'autres bienfaits. Après avoir fait représenter à Vienne un certain nombre de ses principaux ballets, il suivit dans la Lombardie l'archiduc Ferdinand, et reçut la décoration de l'ordre du Christ, en récompense de ses ballets dont jouirent aussi les cours de Naples et de Lisbonne. Trouvant ensuite le théâtre de la cour suspendu, il se rendit pour la seconde fois à Londres, puis revint à Paris, où voulait le fixer Marie-Antoinette. Malgré les clameurs des partisans de Gardel, *Noverre* reçut le titre de maître en chef des ballets de l'Opéra, et devint ordonnateur des fêtes de Trianon. Il obtint de nouveaux succès; mais la réputation qu'il avait méritée en donnant à son art une grande extension, parut l'entraîner quelquefois à en méconnaître les bornes naturelles, et des plaisants l'ayant vu danser assez malheureusement les *Horaces* de Corneille, déclarèrent qu'ils n'applaudiraient que quand on mettrait en pirouettes les maximes de La Rochefoucault.

Dans un troisième voyage à Londres, pendant les troubles de France, *Noverre* fut couronné sur le théâtre à l'occasion de son *Iphigénie en Aulide*, production regardée par lui-même comme son chef-d'œuvre. Rentré en France, il s'y vit dépouillé d'une grande partie de ce qu'il avait acquis. Il conservait dans un âge avancé tous ses moyens, et on remarque beaucoup de fraîcheur de style dans une lettre qu'il écrivit au mois de janvier 1805 à la femme de son confrère Gardel. On trouve néanmoins un peu de prétention dans l'édition nouvelle de son principal ouvrage, intitulé : *Lettres sur les arts imitateurs*, publiées d'abord à Vienne en 1767, réimprimées à Saint-Pétersbourg en 1803-1804, et aussi à Paris en 1807 ; cet ouvrage est du reste le résumé de mûres et savantes réflexions, d'un homme supérieur tel que l'était *Noverre*. Il s'occupa aussi d'un Dictionnaire de danse, que la mort, qui le frappa à Saint-Germain, en 1810, l'empêcha de terminer.

Réformateur de l'art de la danse, auquel il fit faire un si grand progrès, il était avant tout, guidé par la poésie de cet art. Dans ses lettres, il divisait judicieusement la danse en deux classes :

« La première, disait-il, danse mécanique ou d'exécution, ne parle qu'aux yeux, » les charme par la symétrie de ses mouvements, par le brillant des pas, et la variété » des temps, mais n'offre que la partie matérielle ; la seconde, que l'on nomme » Danse pantomime ou en action, est l'âme de la première ; elle lui donne la vie » et l'expression, et en séduisant l'œil, elle captive le cœur et l'entraîne aux plus » vives émotions ; voilà ce qui constitue l'art. »

Ses idées poétiques sur cet art lui font encore dire, lors de la *Tournemanie*, introduite par le célèbre Vestris, et de suite imitée avec prodigalité par ses collègues : « Si dans un ballet tous les sujets y sont employés, et que chacun en particulier » fasse 6 pirouettes, 30 multipliés par 6 donnent le produit de 180 pirouettes, qui, » en les supposant composées de 6 tours chacune, donnent un résultat de 1080 » tours. »

Ses principaux ballets sont :

La Mort d'Ajax, Médée, le Jugement de Pâris, les Mysogyniens, *la Descente d'Orphée aux enfers, Renaud et Armide, la Fontaine de Jouvence, le Caprice de Galathée, la Toilette de Vénus ou les Ruses de l'Amour, les Fêtes ou Jalousies du sérail, l'Amour corsaire ou l'Embarquement pour Cythère, le Jaloux sans rival, la Mort d'Agamemnon, les Grâces, les Danaïdes ou Hypermenestre, Adèle de Ponthieu, Psyché et l'Amour, Enée et Didon, Belton et Elisa, Alceste, Apollon et Campaspe ou la Générosité d'Alexandre, Iphigénie en Aulide, les Métamorphoses chinoises, les Réjouissances flamandes, la Mariée du village, les Fêtes du Vauxhall, les Recrues prussiennes, le Bal paré, la Bergère des Alpes, etc., etc.*

SA MAJESTÉ L'EMPEREUR DE RUSSIE

ayant daigné accepter la **DÉDICACE DE LA STÉNOCHORÉGRAPHIE**, cette auguste faveur a nécessité le tirage d'une nouvelle couverture que nous adressons à nos abonnés avec les Quatrième et Cinquième livraisons réunies.

Nos souscripteurs voudront bien excuser le retard de notre quatrième livraison justifié par le vif désir de l'auteur de faire connaître au public le témoignage de Haute Bienveillance dont Sa Majesté a bien voulu l'honorer.

RÉSUMÉ
DES QUATRIÈME ET CINQUIÈME LIVRAISONS.

1° PRINCIPES DE LA STÉNOCHORÉGRAPHIE.

2° PORTRAIT DE DAUBERVAL.

3° NOTICE SUR DAUBERVAL.

4° PORTRAIT DE SALVATORE VIGANÒ.

5° BIOGRAPHIE DE SALVATORE VIGANÒ.

CHAPITRE DIXIÈME.

ADAPTATION DE LA MUSIQUE AUX SIGNES STÉNOCHORÉGRAPHIQUES.

LA POSITION que devront avoir les jambes et le corps avant de commencer une suite de mouvements, AINSI QUE LA LIGNE DU PLAN où ces mouvements devront commencer, SERONT INDIQUÉES EN TÊTE de la portée sténochoré-graphique. Cette indication préparatoire équivaut à la clef, au ton, et au mouvement, qui en musique se placent aussi au commencement d'une mélodie ou d'un air. Les signes servant à cette indication préparatoire ne faisant pas partie des mouvements exécutés sur la musique, seront séparés de ceux-ci par une espèce de clef d'ut. (Voyez pl. I. Ex. 1er.)

A, représente, à la quatrième ligne de plan, la position préparatoire de jambes tendues en troisième jambe gauche derrière, corps et bras bas ; par conséquent l'exécutant devra se poser tel que l'indiquera la position préparatoire avant de commencer une suite de mouvements. Comme il a été dit plus haut, le signe représentant une clef d'ut sépare ces mou-vements préparatoires de CEUX EXÉCUTÉS SUR LA MUSIQUE.

B, représente, à la troisième ligne de plan, la position préparatoire de quatrième devant à terre diminuée, la jambe droite portant (le corps), demi opposition du bras droit, le corps tourné à droite.

C, représente, à la troisième ligne de plan, la position préparatoire de quatrième derrière à terre diminuée, la jambe de devant portant, opposition du bras droit, corps épaulé à droite.

D, représente, à la première ligne de plan, la position préparatoire de jambes tendues en troisième pied gauche devant bras bas corps de face.

E, représente à la cinquième ligne de plan, la position préparatoire de jambes tendues en troisième jambe gauche devant les deux bras hauts.

LES DIFFÉRENTS MOUVEMENTS DE LA DANSE sont réglés sur UNE ou PLUSIEURS notes de musique qui en déterminent LA VALEUR, c'est à dire LA DURÉE, par conséquent le signe sténochorégraphique, empruntant sa DURÉE à la NOTE ou AUX NOTES sur lesquelles il doit s'exécuter devra CORRESPONDRE EN LIGNE VERTICALE AVEC LES NOTES.

A cet effet, SOUS chaque portée de six lignes de sténochorégraphie, il y aura une portée ordinaire de musique sur laquelle on écrira l'air de danse. (Voyez pl. I. Ex. 2e).

Chaque signe sténochorégraphique devra coïncider avec la note surlaquelle il doit commencer ou finir, et il sera placé AU-DESSUS de cette note sur la portée sténochorégraphique. (Voyez pl. I. Ex. 3e).

Quant à la valeur ou durée du mouvement, il en est des signes sténochorégraphiques correspondants aux notes, comme des paroles ajustées à la musique, c'est-à-dire, qu'en sténochorégraphie les notes indiquent si le mouvement doit être précipité ou tenu ; s'il faut l'exécuter sur une ou plusieurs notes, de même qu'en musique de chant les notes indiquent la syllabe, le mot, la phrase qu'il faut précipiter ou tenir. On trouvera (pl. I. Ex. 4.) DEUX MESURES répétées TROIS FOIS et chaque fois avec une VALEUR musicale différente, et QUATRE MOUVEMENTS répétés TROIS FOIS, qui prennent CHAQUE FOIS la VALEUR DE LA NOTE.

CHAPITRE ONZIÈME.

DE LA PRATIQUE DES SIGNES.

Les mêmes difficultés qui existent, lorsque seul et sans maître on veut apprendre la musique, l'harmonie, le dessin, se reproduiront inévitablement pour la sténochorégraphie, lorsque l'on voudra écrire les différents mouvements qui forment les pas. Il faut, pour réussir, des études comme tout autre art en nécessite, afin de SAVOIR (quand on veut écrire un pas) analyser chaque mouvement principal des jambes, des bras et du corps.

IL EST DONC DE TOUTE NÉCESSITÉ :

1° De faire apprendre à l'élève les signes fondamentaux de la sténochorégraphie, de manière à ce qu'il connaisse ces signes comme on doit connaître l'alphabet pour en tracer les caractères et les notes pour écrire la musique.

2° De faire écrire les mouvements obliques en avant, en arrière, à gauche et à droite, afin de familiariser l'élève à ces différents mouvements très usités.

3° De ne jamais écrire les signes de jambe sans indiquer la position des bras et du corps, afin d'obtenir de l'ensemble dans le dessin des signes.

4° D'habituer l'élève à écrire les signes sur des notes de musique dès qu'il a acquis une certaine facilité des principes.

5° Enfin de s'appliquer surtout à décomposer les pas en mouvements principaux, et ne chercher à écrire que des choses simples et lentes qui mèneront avec une pratique suivie à un résultat sûr et immanquable.

La planche I, à partir de l'exemple cinquième, donne, pour faciliter les commençants, la décomposition de beaucoup de pas et enchaînements connus et usuels, en montrant ainsi la manière de procéder pour des ensembles de pas plus compliqués. Du reste en sténochorégraphie, LES MOUVEMENTS SEULS ONT DES NOMS, l'ensemble d'un enchaînement n'en a pas. Dans tous les systèmes antécédents on avait adopté un signe pour un pas ; mais chacun pouvait donner à ce pas le nom que bon lui semblait, et ces ensembles de mouvements, généralement mal nommés, (comme nous le ferons remarquer dans les exemples suivants), étaient cause de l'impossibilité d'obtenir, même avec le temps, un système fondamental et logique. En s'appliquant à lire les exemples qui vont suivre, il sera beaucoup plus facile pour le lecteur d'exécuter lui-même, l'exemple en main ou posé sur un pupitre, les différents mouvements indiqués, il arrivera ainsi à exécuter les pas machinalement. Il est aussi indispensable pour bien se familiariser à réunir ces différents mouvements, d'écrire soi-même un peu tous les jours, de décomposer les pas que l'on veut écrire en mouvements principaux, d'abord sans s'occuper de la musique, ensuite avec la musique notée au-dessous. Dans ce dernier cas il faut D'ABORD écrire sa mélodie, et PUIS les pas AU-DESSUS, comme en musique on écrit aussi D'ABORD sa mélodie et PUIS sa basse et ses accords (1).

TOUS LES EXEMPLES SONT PRÉCÉDÉS DE LA POSITION PRÉPARATOIRE, ET ÉCRITS POUR L'UNE ET L'AUTRE JAMBE.

---

(1) Toutes les sortes de papiers sténographiques se trouvent chez Laroche aîné, papetier, rue de Provence 40. Le numéro 1 sert aux commençants, le numéro 2 aux personnes avancées pour l'usage ordinaire.

L'EXEMPLE CINQUIÈME représente : sur la première noire, jambes pliées en cinquième, droite devant, corps épaulé à gauche.

Sur la deuxième noire, même mouvement, jambes tendues.

Sur la première blanche, position de cou de pied devant, droite en l'air, sur la demi pointe (Voy. chap. 9e, pag. 31.) les bras comme au mouvement précédent, le corps remis de face par le bécarre.

Sur les deux noires de la deuxième mesure, mouvement de seconde naturelle jambe pliée bras arrondis, allant à celui de seconde naturelle hauteur de la hanche bras tendus.

LE LIÉ (Voyez chap. 9e. pag. 35.) qui se trouve entre ces deux mouvements de jambes et de bras indique que ces deux mouvements doivent se faire liés comme les deux noires sur lesquelles ils s'exécutent.

Sur la troisième noire de la deuxième mesure, même position que la précédente à demi hauteur avec l'application du signe DE MÊME (Voyez chap. 9e, pag. 35.).

Sur la quatrième noire de la deuxième mesure, jambes tendues, en cinquième, pied gauche devant, bras bas.

Les troisième et quatrième mesures sont de l'autre jambe la répétition des mouvements contenus dans les deux premières mesures.

L'EXEMPLE SIXIÈME représente : sur la première croche, position de cou de pied devant, jambe droite en l'air demi-pointe (par le signe accessoire), bras bas, corps de face.

Sur la noire et croche pointée jambe en seconde naturelle, demi-hauteur, jambe à terre pliée, bras gauche arrondi, l'autre tendu (ou demi opposition de bras).

Sur la demi-croche, même position jambe à terre tendue, demi-pointe, bras comme au mouvement précédent.

Sur la première croche de la troisième mesure, Signe accessoire POSÉ DESSUS (Voyez chap. 9me), précédent seconde naturelle, jambe gauche demi-hauteur, les bras en seconde, demi-pointe, jambe à terre tendue.

Sur la croche suivante le pas recommence de l'autre jambe.

Cette suite de mouvements donne la décomposition d'un JETÉ LENT.

Il est à remarquer dans cet exemple que le premier soupir n'a pas de signe, par conséquent l'on reste en préparation jusqu'à la croche sur laquelle le mouvement commence.

L'EXEMPLE SEPTIÈME (Planche II) représente : position de cou de pied devant, jambe droite en l'air, corps de face quatrième devant naturelle jambe en l'air pliée, quatrième devant naturelle jambe tendue, seconde diminuée, le tout, avec les bras arrondis, et sur les quatre noires de la première mesure.

Sur la deuxième mesure, seconde naturelle, idem augmentée, quatrième derrière, jambe au jarret demi-pointe, les trois premiers mouvements de cette mesure, les bras en seconde, le quatrième mouvement, les bras bas, le tout LIÉ. Ensuite, position de seconde naturelle, jambe en l'air pliée s'exécutant sur les deux premières noires de la troisième mesure ; seconde naturelle sur les deux autres noires, les bras en seconde, même signe à demi-hauteur sur les deux croches de la quatrième mesure, et signe accessoire posé derrière, précédent, position de cou de pied devant, gauche en l'air, les bras bas; sur la noire, idem de l'autre jambe.

Cette suite de mouvements donne la décomposition de ce que l'on nomme vulgairement GRAND ROND DE JAMBE LENT ; (mais qui n'en est pas un; car le rond de jambe proprement dit, se prend à la seconde pour y revenir après avoir décrit un cercle et celui ci-dessus se prend sur le cou de pied devant, va en quatrième devant, et décrit un CERCLE ET DEMI).

L'EXEMPLE HUITIÈME représente le même enchaînement ou la même suite de mouvements que le précédent, mais EN DEDANS et exécuté sur la quatrième ligne de plan. La jambe gauche commence cette fois, par position de jambe sur le cou de pied derrière, pied ou jambe gauche en l'air, demi-pointe par le signe accessoire, bras arrondis, quatrième derrière naturelle, la jambe en l'air pliée, quatrième naturelle jambe tendue, quatrième derrière augmentée, seconde naturelle, les bras à la seconde, seconde diminuée, quatrième devant naturelle, jambe au jarret, bras bas, seconde naturelle la jambe en l'air pliée, les bras arrondis, seconde naturelle, jambe en l'air tendue, les bras à la seconde.

Signe accessoire indiquant MÊME position à demi hauteur, signe accessoire POSÉ DESSUS, précédant la position de jambe droite sur le cou de pied derrière.

On recommence de l'autre jambe, le tout fini en troisième, jambes tendues, bras bas, corps épaulé.

L'EXEMPLE NEUVIÈME représente : Position préparatoire en seconde naturelle, jambe droite à terre, corps de face, bras bas.

Sur la noire pointée et la première croche, jambes pliées en première, quatrième devant naturelle à demi-hauteur, jambe gauche à terre pliée, jambe droite en l'air tendue, bras bas ; ces deux signes de jambes sont unis par le signe accessoire GLISSÉ (Voyez chap. 9ᵐᵉ, page 31), de manière que la jambe droite allant à la quatrième devant naturelle à demi hauteur doit GLISSER à terre pour prendre sa position.

Sur la deuxième croche se trouve le signe de position de cou de pied derrière, jambe gauche en l'air, signe accessoire demi-pointe; ce signe se trouve AVANCÉ d'une ligne de plan des deux précédents (Voyez chap. 9ᵐᵉ, pag. 30), il faut donc en exécution, il faut avancer ce mouvement.

Sur la dernière noire de la mesure, seconde naturelle demi hauteur, jambe gauche en l'air pliée, bras arrondis.

Sur la blanche de la seconde mesure, seconde naturelle hauteur de la hanche, bras en seconde, ces deux mouvements sont unis par le signe LIÉ ; il faut donc soutenir ce mouvement durant la valeur des notes qui sont au-dessous ; sur la troisième mesure, signe accessoire DE MÊME pour toute la mesure comme aussi pour les bras; sous le signe DE MÊME se trouve le signe accessoire, TOURNEZ A GAUCHE ; en exécutant ce mouvement l'exécutant tourne en dehors, c'est-à-dire du côté de la jambe en l'air (Voyez chap. 9ᵐᵉ, pag. 32), avec le nombre de tours indiqués au-dessous.

Le signe accessoire CONTINUEZ (Voyez chap. 9ᵐᵉ, pag. 36), va jusqu'à la première noire de la quatrième mesure ; il faut donc tourner un tour pendant toute la valeur des notes qui sont au-dessous du signe CONTINUEZ.

Sur la dernière noire de la quatrième mesure, signe accessoire de même, c'est-à-dire seconde naturelle avec l'augmentation de demi hauteur, bras bas.

Sur la cinquième, sixième, septième et huitième mesure se répètent les mêmes mouvements des quatre premières mesures de l'autre jambe ; le signe accessoire TOURNEZ se trouve cette fois de l'autre côté, c'est-à-dire TOURNEZ A DROITE.

A commencer de la neuvième mesure mêmes mouvements mais en arrière, des huit premières mesures, s'exécutant sur le même hythme musical qu'auparavant, c'est-à-dire jambes pliées en première, quatrième naturelle derrière à demi hauteur, jambe droite en l'air, jambe à terre pliée, bras bas, position de cou de pied devant, jambe gauche en l'air, demi-pointe; ce signe se trouve RECULÉ d'une ligne de plan des deux précédents, par conséquent, en exécution il faut reculer ce mouvement), seconde naturelle à demi-hauteur, jambe gauche en l'air pliée, bras arrondis. Ensuite, seconde naturelle bras en seconde. Signe accessoire de même pour toute la mesure ; signe accessoire TOURNEZ A DROITE continué jusqu'aux quatre premières doubles croches de la mesure suivante; comme l'exécutant a dans ce mouvement la jambe gauche en l'air, et que le signe TOURNEZ A DROITE est au-dessous, l'exécutant tournera tout naturellement en dedans, c'est-à-dire du côté de la jambe qui est à terre.

Les quatre dernières mesures sont la répétition de ces mouvements de l'autre jambe, finis en troisième jambe droite derrière, bras bas, corps épaulé.

Cette succession de mouvements donne la décomposition du pas dit vulgairement COUPÉ EN AVANT ET EN ARRIÈRE DE L'UNE ET DE L'AUTRE JAMBE.

L'EXEMPLE DIXIÈME (Planche III) représente : sur la troisième ligne de plan, position préparatoire de seconde naturelle à terre, jambe droite portant le corps, bras en seconde.

Sur la noire pointée les deux mêmes mouvements qu'à l'exemple précédent exécutés de l'autre jambe, puis sur la première double croche de la mesure position de cou de pied derrière, jambe droite en l'air, bras arrondis. Sur la seconde double croche, seconde naturelle, jambe droite en l'air, bras en seconde. Ces deux mouvements sont précipités en ce qu'ils doivent se faire chacun sur une des double croches et successivement l'un après l'autre.

Sur la dernière noire de la mesure, signe accessoire, de même à demi hauteur, bras bas ; ce dernier mouvement est lent, puisqu'il se fait sur une noire.

Sur la noire pointée de la seconde mesure, jambes pliées en première comme à la première mesure, jambe en quatrième naturelle devant à demi-hauteur glissé, jambe à terre pliée, idem augmenté non glissé ; sur la croche, seconde naturelle d emi-hauteur jambe à terre tendue. Signe accessoire, PORTEZ DE COTÉ OU ALLONGEZ DU COTÉ DROIT (Voyez chap. 9, page 30).

Sur la deuxième croche de la mesure, seconde naturelle, les bras tendus. Comme il n'y a pas de signe de seconde naturelle, jambe en l'air pliée, précédant le signe de seconde naturelle, la jambe doit se lever tendue pour aller à sa position.

Sur la dernière noire de la seconde mesure, idem à demi-hauteur, les bras bas.

Sur les deux noires de la troisième mesure, jambes pliées en première, quatrième naturelle derrière, demi-hauteur, jambe droite à terre pliée, jambe gauche en l'air tendue.

Sur la première double croche de la mesure, position de cou de pied, mouvement ARRIÈRE, (puisqu'il recule d'une ligne de plan), bras arrondis; sur la seconde double croche, seconde naturelle, bras tendu ; ces deux mouvements sont encore précipités comme à la première mesure.

Sur les deux dernières croches de la mesure, seconde naturelle augmentée, quatrième naturelle derrière, jambe droite en l'air, jambe gauche à terre pliée, bras en seconde.

Sur la première croche de la quatrième mesure, jambe retirée au jarret, bras arrondis, signe accessoire, TOURNEZ A DROITE UN TOUR se prolongeant jusqu'à la cinquième croche de la mesure où se trouve seconde naturelle, bras en seconde demi pointe ; seconde naturelle à demi hauteur sur le soupir et sur la dernière noire de la quatrième mesure seconde naturelle, jambe droite à terre, bras bas.

Sur les quatre mesures suivantes le même pas se répète de l'autre jambe et finit en troisième jambe droite devant.

Ces mouvements donnent la décomposition d'un COUPÉ EN AVANT, COUPÉ DE COTÉ EN LEVANT LA JAMBE TENDUE A LA SECONDE ; COUPÉ EN ARRIÈRE EN PLIANT LA JAMBE ET ROND DE JAMBE EN TOURNANT. (Ce mouvement quoique appelé rond de jambe n'en est pas un, vu que dans le rond de jambe, la jambe à terre ne se plie pas quand la jambe passe derrière, et que dans le pas dont il est question, la jambe à terre plie au moment où celle en l'air passe à la quatrième derrière).

L'EXEMPLE ONZIÈME représente : sur la première noire, jambes tendues en cinquième, jambe droite devant, signe accessoire ORTEIL (Voy. chapitre 9ᵐᵉ, page 31), bras bas, même position pendant la seconde noire.

Sur la première noire de la deuxième mesure, quatrième naturelle derrière diminuée, jambe droite portant le corps, jambe gauche à terre, bras gauche en attitude, bras droit tendu.

Dans ces deux mouvements on remarquera que le corps était effacé ou épaulé du même côté par le dièze de la position préparatoire, c'est-à-dire à gauche, et comme il n'y a pas de bécarre au corps pour le remettre de face, ce dernier mouvement se trouve avancé d'une ligne de plan et OBLIQUE (Voyez chapitre 9ᵐᵉ, page 30). Si le corps eût eu un bécarre au deuxième signe de corps la quatrième diminuée à terre avançant d'un plan eût signifié AVANCEZ DE FACE.

Sur la première noire de la troisième mesure, quatrième diminuée, jambe droite à terre, jambe gauche pliée et en l'air, signe accessoire demi-pointe, mêmes bras qu'au signe précédent.

Sur la troisième noire de la troisième mesure, même position à demi-hauteur.

Sur la première noire de la quatrième mesure, jambes tendues en cinquième, droite devant, corps encore épaulé du même côté, bras bas.

Sur les deux dernières croches de la quatrième mesure se trouvent deux mouvements : le premier, jambes pliées dans la même position que le précédent, le deuxième jambes tendues en première EN L'AIR (Voyez chap. 5ᵐᵉ, page 25), et sur la première noire de la cinquième mesure, jambes tendues à terre, jambe gauche devant.

(Ces trois derniers mouvements donnent la décomposition du pas nommé changement de pied).

Jusqu'à la première noire de la neuvième mesure, les mêmes mouvements du commencement se répètent de l'autre jambe.

Sur la seconde noire de la neuvième mesure, jambes tendues en cinquième, jambe droite devant, signe accessoire ORTEIL, corps épaulé à gauche et restant ainsi épaulé pour le mouvement suivant qui se fait sur la première noire de la dixième mesure et qui représente quatrième devant diminuée, jambe gauche portant le corps, jambe droite à terre et croisée sur celle qui est à terre, (puisque la quatrième est diminuée), le bras gauche en attitude, le droit en seconde.

Ce mouvement est encore oblique en arrière, puisqu'il remonte d'une ligne de plan et que le corps est resté épaulé comme au signe précédent.

Sur la première noire de la onzième mesure, quatrième diminuée, jambe gauche à terre, jambe droite en l'air, signe accessoire de demi-pointe, les deux bras en attitude, le corps tourné du même côté du signe précédent.

Sur la dernière noire de la onzième mesure, même position à demi-hauteur, bras en seconde.

Sur la première noire de la douzième mesure jambes tendues en cinquième, pied droit devant, bras bas.

Puis sur les deux dernières croches de cette mesure se répètent les mouvements indiqués à la quatrième mesure qui forment le pas changement de pied. Les mesures suivantes, 13, 14, 15, 16 sont la répétition des neuvième, dixième, onzième, douzième, de l'autre jambe. La dix-septième est la terminaison de l'enchaînement.

Cette suite de mouvements donne la décomposition DE TEMPS DE COU DE PIED, PAS MARCHÉ EN AVANT, ATTITUDE POSÉ DERRIÈRE, ET CHANGEMENT DE PIED, EN AVANT ET EN ARRIÈRE.

L'EXEMPLE DOUZIÈME (Planche IV) représente : position préparatoire de jambes tendues en troisième droite devant épaulement à gauche.

Sur la première noire, jambe au jarret demi hauteur, demi pointe, bras bas, épaulement à droite ; (il y a donc par cette indication un changement d'épaulement de droite à gauche obtenu par les deux dièzes, l'un, à la position préparatoire, étant à gauche du corps et celui du premier mouvement étant à droite).

Sur la première croche de la première mesure quatrième devant naturelle, jambe à terre pliée, jambe droite en l'air pliée, bras arrondis, (le corps reste toujours du même côté dans les mouvements suivants jusqu'à ce qu'il reçoive une nouvelle indication). Sur la deuxième croche, même position, jambe en l'air tendue, bras à la seconde. Sur la troisième croche quatrième naturelle demi hauteur demi pointe, jambe à terre tendue, sur la quatrième croche, jambes tendues en troisième sur la demi pointe ; (le corps étant épaulé, à droite, ce mouvement produit un épaulement contraire).

Sur la première croche de la seconde mesure, quatrième derrière naturelle, jambe droite à terre pliée, jambe gauche en l'air idem. Sur la deuxième croche, même position, la jambe à terre pliée, l'autre tendue ; (pendant ces deux mouvements le corps marque, bras droit en attitude, bras gauche en seconde, le corps penché en avant et épaulé D'UN QUART DE TOUR (Voy. chap. 8, p. 28) ; ce mouvement indique une de ces innombrables arabesques qui, en danse, n'ont pas un nom distinctif; elles ne peuvent s'expliquer qu'en démontrant personnellement le mouvement ; mais par sténochorégraphie, elles s'exécutent pour ainsi dire machinalement. Sur la troisième croche de la deuxième mesure, quatrième naturelle demi hauteur, demi pointe bras bas. Sur la quatrième croche, troisième jambe tendues, bras arrondis, comme à la première mesure, (toujours avec l'épaulement contraire).

Sur la première croche de la troisième mesure quatrième naturelle, jambe gauche à terre pliée, jambe droite en l'air pliée ; sur la deuxième croche même position, la jambe en l'air tendue ; pendant ces deux derniers mouvements, bras gauche en l'air, bras droit en seconde, le corps penché en arrière. Sur la troisième croche, quatrième naturelle à demi-hauteur, les jambes à terre et en l'air tendues, demi pointe, bras bas. Sur la quatrième croche, jambes tendues en troisième, sur la demi pointe avec épaulement contraire, comme aux deux mesures précédentes.

Sur la première croche de la quatrième mesure jambes pliées en troisième, jambe droite devant, bécarre au signe de corps ; par conséquent le corps ayant été précédemment tourné d'un quart de tour, revient naturel ou de face. Sur la deuxième croche, quatrième derrière naturelle à terre pliée. Sur la troisième croche, même position, excepté que la jambe non portant le corps est tendue. Sur la quatrième croche, même position augmentée.

Sur la première croche de la cinquième mesure seconde naturelle à terre, la jambe portant pliée l'autre tendue. Sur la deuxième croche, même position diminuée ; sur la troisième croche quatrième devant naturelle à terre, jambe portant pliée, l'autre tendue. Sur la quatrième croche jambes pliées en cinquième pied gauche devant. Tous ces mouvements de la quatrième et cinquième mesures sont unis par le signe LIÉ. Sur le dernier signe de la cinquième mesure le corps qui était resté de face marque demi-bras droit, l'autre tendu épaulement A GAUCHE.

Sur la noire de la sixième mesure jambes tendues en cinquième, bras droit en attitude, épaulement à droite. Sur les deux croches suivantes même position de jambes SUR L'ORTEIL, le corps tourne D'UN QUART DE TOUR, et les bras s'ouvrent en seconde.

Sur les deux noires suivantes de la septième mesure même position de jambes, bras arrondis, épaulement à gauche, les mouvements A, B, C, D donnent le mouvement de bras nommé DOUBLE PORT DE BRAS.

Enfin sur la huitième mesure, jambe retirée à demi hauteur, bras bas, corps épaulé à gauche, sur la demi-pointe pour recommencer de l'autre jambe. Les trois derniers signes sur la quinzième et seizième mesure sont position de cou de pied devant, corps épaulé, seconde naturelle demi-hauteur, corps de face, bras tendus et troisième jambes tendues, corps épaulé.

Ces différents mouvements donnent ensemble GRAND BALLOTÉ, ASSEMBLÉ SOUTENU, DOUBLE PORT DE BRAS, de l'une et de l'autre jambes.

Jean DAUBERVAL.

NOTICE

sur

JEAN DAUBERVAL.

Jean BERCHER, dit DAUBERVAL, fameux mime et danseur, surnommé *le Préville de la Danse*, naquit le 19 août 1742, à Montpellier, et non pas à Marseille, comme l'ont dit les auteurs du Dictionnaire des Musiciens.

Elève du célèbre *Noverre*, il débuta le 12 juin 1761 sur le théâtre de l'Académie royale de musique, et fut reçu le mois suivant. Il parvint bientôt au rang de premier danseur ; et comme il joignait au talent de l'exécution la théorie de la Chorégraphie, il fut adjoint aux compositeurs de ballets en 1773, et nommé à cette place en survivance de Noverre en 1776.

Il fut membre de l'Académie de Danse depuis 1766 jusqu'en 1778.

Dans cette dernière année, des intrigues de coulisses le firent descendre au rang d'aide du Maître de ballets *Gardel*, l'aîné, dont il devint l'adjoint en 1779.

Enfin, il fut nommé Maître de ballets en pied en 1781, mais de nouvelles tracasseries le forcèrent à quitter cette place et à renoncer à l'Opéra à la clôture de 1783, avec une pension de 3,500 livres.

Il se fixa à Bordeaux et fut Maître du théâtre de cette ville depuis 1785 jusqu'en 1791 ; il fit, pendant ce temps, des voyages à Madrid et à Londres ; mais c'est à Bordeaux qu'il donna les jolis ballets de *la Fille mal gardée*, *du Déserteur*, de *l'Épreuve villageoise*, et celui de *Télémaque*, où le rôle de Mentor aurait suffi pour le placer au premier rang parmi les plus célèbres mimes.

Ces ballets furent aussi joués à Paris sur le théâtre de l'Opéra avec quelques changements, et ont donné lieu à des reproches réciproques de plagiat entre *Dauberval* et *Gardel* le jeune. A l'occasion de la défense de jouer à Bordeaux *le Mariage de Figaro*, *Dauberval* a fait, d'après cette comédie, *le Page inconstant*, que M. *Aumer* a depuis adapté au théâtre où on le revoit encore avec plaisir.

Chasseur de première force, il était recherché par tous les amateurs de chasse de la haute société de Bordeaux; il avait de l'esprit et d'excellentes manières; et ce n'était pas de lui que l'on pouvait dire bête comme un danseur. Il avait épousé Mme Théodore, l'une des premières danseuses de l'Opéra, assez mal partagée pour les formes et la beauté, mais remplie d'esprit et de talents.

Dauberval était surtout un mime spirituel, fin et distingué. Son genre de Danse était plutôt le demi-caractère que le genre sérieux. Ses compositions exigeaient une grande finesse d'exécution pour ne pas retomber dans le vulgaire et le commun. Il ne fit pas beaucoup de ballets ; mais le peu qu'il a faits étaient tous des chefs-d'œuvre.

Le portrait que nous offrons au lecteur est pris d'un pastel grand original dans le rôle de *Sylvie*, un de ses derniers ballets. *Dauberval* jouissait d'une excellente santé, qu'il attribuait à l'exercice de la chasse. A cinquante-cinq ans, il était encore svelte et léger comme une plume, et en montant ses ouvrages il lui arrivait souvent d'oublier son âge et d'exécuter des pas avec une vigueur et une dextérité dont les jeunes danseurs de l'époque étaient étonnés. Sa pantomime était le type par excellence de la *comédie-ballet*; mais il fallait son esprit, son tact et sa finesse pour exécuter ses ballets, qui depuis lui n'ont été que très médiocrement représentés.

Il mourut à Tours, le 14 février 1806, à l'âge de 64 ans, en se rendant de Paris à Bordeaux.

Imp. Bertauts, 5, Cadet, Paris.

Salvatore VIGANÒ.

NOTICE

SUR

SALVATORE VIGANÒ.

SALVATORE VIGANÒ naquit à Naples le 25 mars 1769; son grand-père, *Isacomo Braglia,* originaire du duché de Modène, avait pour des raisons de famille, adopté pour nom propre celui de sa femme Joséphine *Viganò,* et c'est sous ce dernier nom qu'*Onorato* et *Salvatore* sont généralement connus. *Onorato Viganò* était danseur grotesque, et devint plus tard Maître de ballets d'un certain mérite.

Salvatore, doué de peu de dispositions pour la danse, en montrait, au contraire, d'excellentes pour la littérature, ce qui fit dire au célèbre MONTI : « *Si Viganò se fosse dato alla poesia egli aveva tutto l'attitudine a diveni re un altro Ariosto.*

Salvatore travailla la musique avec tant d'ardeur, qu'à l'âge de 17 ans il écrivit à *Rome,* un *intermède* remarquable; c'est là qu'il commença la danse dans les rôles de femmes qui étaient alors proscrites de la scène. De *Rome, Viganò* se rendit en Espagne, et prit part aux fêtes du couronnement de *Charles* IV, à Madrid ; c'est dans cette ville que *Salvatore* épousa *Maria Medina,* danseuse de quelque talent, et qu'il fit la connaissance du célèbre *Dauberval,* qui le perfectionna dans la danse, et l'emmena à *Londres,* ainsi que sa femme.

De retour en Italie, en 1790, *Viganò* fit à Venise au théâtre de *San Samuele,* dont son père était alors directeur, son premier essai comme chorégraphe ; bientôt après, il inaugurait le célèbre théâtre de la *Fenice* par le ballet de la *Fille mal gar-dée*, dû à son maître *Dauberval*. Sa femme partageait alors ses succès; mais il s'en sépara, partit pour Vienne, et revint enfin à Milan, en 1803.

C'est probablement à l'expérience acquise dans ses voyages que *Viganò* doit l'excellente route qu'il s'est tracée, et qu'il va bientôt parcourir avec tant de distinc-tion; évitant avec soin le genre trop tragique de *Franesco Clérico*, ancien maître de ballets italien et imitateur de *Bathyle* et de *Pilade* (dont les ouvrages étaient de véritables tragédies mimées), *Viganò* ne tomba pas non plus dans le genre essen-tiellement anacréontique qui était alors en grande vogue en France et ne conve-nait nullement au caractère italien ; excellent musicien, doué d'une imagination poétique, *Viganò* sut tirer un si grand parti des grandes et diverses qualités qu'il possédait, que les Italiens le comparaient à l'*Alfieri* dans le drame mimique, à *Goldoni* pour le comique, et à *Metastasio* pour la musique.

L'art si difficile de faire mouvoir les masses est dû incontestablement aux Italiens, et trop parfois ces masses agissent dans les ouvrages de l'école italienne d'une ma-nière si régulière, et en quelque sorte militaire, il y a cependant dans ce système la base de la véritable mise en scène.

Viganò comprit la faute commise par ses prédécesseurs dans l'emploi de ces masses, et le mauvais effet produit par cinquante ou soixante personnes faisant toutes en même temps le même geste, et fut le premier qui tira la pantomime de cette uniformité touchant presque au ridicule, et sut distribuer les masses de ma-nière à ce que chacun des artistes qui les composait eût un role et des gestes en rapport avec le personnage qu'il représentait.

Salvatore Viganò savait aussi tirer parti de ses acteurs, qui n'étaient pas toujours parfaits, mais dont il avait le talent de faire ressortir les moindres qualités avec tant d'intelligence, de tact, qu'ils paraissaient tous excellents ; il fit de grands élè-ves en pantomimes, parmi lesquels on cite en première ligne *Antonia Pallerini*, la plus célèbre des mimes italiennes; *Nicola Molinari, Giuseppe Bocci, Luigi Costa*, *Giuseppe Paracca, Giovanni Francolini* (comique), *Maria Conti*, etc., etc.

Peu partisan des pas de deux, de trois, ou de quatre, que dansaient la *Coppia Francese* (danseurs français), *Viganò* pensait que ces danseurs, ne prenant pas part à l'action, la refroidissaient et la faisaient languir; aussi voyons-nous dans ses ballets *Salvatore*, esclave avant tout de son sujet ne faire venir les *Balla-*

bile proprement dits, qu'en seconde ligne, et plutôt comme ornement accessoire que comme spécialité. Il fit cependant quelques concessions aux danseurs français en abandonnant momentanément son sujet pour l'exécution de leurs pas; en un mot *Viganò* pensait, lui aussi, que la danse sans poésie était une chose ordinaire et plate, et le génie de ce compositeur éminent étant surtout la pantomime dramatique, on concevra facilement qu'il ait apporté moins de soins aux *Ballabile* qu'à l'ensemble de ses poèmes mimiques.

L'importante question de l'art d'écrire la danse ne pouvait échapper à l'esprit de *Viganò*. Il avait, disait-il à ses intimes, parmi lesquels était le célèbre *Maestro Mayerbeer*, combiné un alphabet de pantomimes à l'aide duquel il se proposait de transcrire les gestes et pas de ses ballets. La mort ne lui laissa pas le temps de donner suite à ses idées, et comme il avait pour habitude de tout faire de tête, sans jamais rien écrire, il ne reste nulle trace de ce travail mental.

Abandonnons un instant l'auteur célèbre pour donner au lecteur quelques détails sur l'homme privé.

Petit de taille, mais bien fait, *Viganò* était d'un caractère doux et affable, et savait allier dans la conversation beaucoup de calme et de politesse à une grande finesse d'esprit. Bon et serviable avec ses parents et amis, dont il feignait de ne pas remarquer les petitesses; il avait cependant, comme tous les hommes de génie, ses moments d'atonie et de mauvaise humeur; adonné aux plaisirs de la vie, dont plus qu'un autre il était à même de sentir le charme, il aimait à veiller, travaillait principalement la nuit, et ne se couchait que le matin. Malheureux en ménage, *Viganò* vécut séparé de sa femme; cependant il souffrait de voir la *Medina* parcourir, seul et sans conseils, une carrière qu'elle avait si brillamment commencée sous ses auspices, et que livrée à elle-même, elle ne put long-temps continuer.

Les premiers symptômes de la maladie qui devait priver la scène italienne d'une de ses plus grandes illustrations, se firent sentir alors que *Viganò* composait *Didone ;* mais plein d'ardeur et de courage, il sut dissimuler son mal jusqu'à ce que, forcé de prendre le lit, il mourût au bout de cinq jours d'une hydropisie de poitrine, le 10 août 1821, à l'âge de 52 ans.

Ses funérailles furent dignes de son mérite, et Milan rendit les plus grands honneurs au Poète mimique, auquel elle devait tant de chefs-d'œuvre. Le buste de *Viganò*, dû au ciseau du célèbre sculpteur *Lorenzo Bartolini*, est maintenant dans le cimetière de Certosa, à Bologne.

Nous donnons ici la liste des principaux ouvrages de *Salvatore Viganò*, parmi lesquels se trouve le Prométhée, qui fit à Milan une véritable révolution. Reproduite sur divers théâtres d'Italie, cette œuvre remarquable n'obtint pas le même succès; il est vrai que le maître manquait, et avec lui, sans doute, le savoir-faire, l'exactitude et le talent.

1° LA FIGLIA D'ELL ARIA.	24° I TITANI.
2° RAUL, SIGNOR DI CREQUI.	25° LA CIMENE.
3° RICCARDO CUOR-DI-LEONE.	26° ALLESSANDRO NELL' INDIE.
4° SAMANDRIA.	27° LE SABINE.
5° CLOTILDE DI SALERNO.	28° GIOVANNA D'ARCO.
6° GLI UOMINI DI PROMETEO.	29° DIDONE (tiré de PHROSINE ET MÉLIDOR).
7° I GIUOCHI ISTMICI.	**PETITS BALLETS COMIQUES**.
8° GLI SPAGNUOLI NELL'ISOLA CRISTINA.	30° MAZILLI ED ORISCO.
9° IL NOCE DI BENEVENTO.	31° LO SPOSO SCIOCCO.
10° CORIOLANO.	32° LA FIERA DI BARCELLONA.
11° LA PRINCIPESSA NEL BOSCO.	33° I FALSI MONETARII.
12° SAMMETE E TAMIRI.	34° LA VILLANELLA E IL SEMPLICE.
13° IPPOTOO.	35° UN EQUIVOCO.
14° GLI STERLITZI.	36° LA PASTORELLA FORTUNATA.
15° PROMETEO.	37° DUE CASE ATTIGUE.
16° GLI USSITI.	38° IL RATTO DEL SERRAGLIO.
17° NUMA.	39° IL DIAVOLO FRALLE VENDEMMIE.
18° MIRRA.	40° IL NUOVO PIGMALIONE.
19° PSAMMI RE D'EGITTO.	41° IL CIABATTINO.
20° OTELLO.	42° LE TRE MELARANCIE.
21° LA SPADA DI KENNETE.	43° LA SCUOLA DEL VILLAGGIO.
22° LA VESTALE.	44° IL CALZOLÁJO DI MONTPELLIER.
23° GIUTA FIGLIA DIOTTONE.	

Le mérite et le nombre des ouvrages de *Salvatore Vigano* lui ont mérité à juste titre le nom de *chef de l'Ecole Italienne*.

RÉSUMÉ DES SIXIÈME, SEPTIÈME ET HUITIÈME LIVRAISONS.

L'EXEMPLE TREIZIÈME représente : position préparatoire de jambes tendues en cinquième pied droit devant bras bas, rps épaulé à gauche.

Sur la première noire, jambe retirée à demi-hauteur demi-pointe corps épaulé à droite bras bas.

Sur les deux premiers temps de la première mesure, jambe droite en quatrième pliée jambe gauche à terre pliée le corps ste épaulé à droite, demi-bras du bras gauche l'autre tendu. Sur les deux autres temps de la mesure, jambe droite en conde bras droit en attitude corps penché du côté opposé de la jambe qui est en l'air, signe accessoire demi-pointe. Sur s deux premiers temps de la deuxième mesure, quatrième derrière augmentée jambes pliées droite en l'air le bras oit reste en attitude, le corps épaulé à gauche. (Ce changement d'épaulement entre le mouvement de seconde et celui de uatrième derrière pliée forme une rotation de corps.)

Sur les deux noires de la deuxième mesure, position de jambe retirée jambe droite en l'air bras bas corps épaulé à oite. (Ce mouvement produit encore une rotation de corps.)

Sur les deux temps de la troisième mesure, quatrième devant augmentée, jambe en l'air et à terre pliée, les bras arron- s. Sur les deux autres temps de la troisième mesure, même position, la jambe à terre pliée, l'autre tendue, les bras uverts en seconde.

Sur la première noire de la quatrième mesure, quatrième derrière augmentée avancée d'une ligne de plan du mouve- ent précédent ; jambe gauche pliée en l'air, la droite tendue sur la demi-pointe, bras gauche en attitude, le droit tendu n seconde. Sur la deuxième noire, même position avec la jambe à terre pliée. Sur la troisième noire, même position, vec la jambe à terre tendue. Enfin, sur la quatrième noire, position de jambe retirée, demi pointe, jambe gauche en l'air, ras bas, corps épaulé à gauche, formant un changement de corps avec le mouvement précédent. Les cinquième, sixième, eptième et huitième mesures, sont de l'autre jambe la répétition des mouvements contenus dans les quatre premières lesures.

L'exemple se termine jambes tendues en troisième.

Ces différents mouvements donnent la décomposition du pas connu sous le nom de GRAND FOUETTÉ LENT, POSÉ ATTITUDE.

L'EXEMPLE QUATORZIÈME est le GRAND FOUETTÉ LENT EN TOURNANT, POSÉ ATTITUDE ET UN TOUR.

Cet exemple est le même que le précédent, sauf quelques mouvements tournés que l'on trouvera dans les deuxième, quatrième, sixième et huitième mesures et deux préparations en quatrième à terre pliée que l'on trouvera dans les qua- rième et septième mesures.

L'EXEMPLE QUINZIÈME (Planche V) représente : position préparatoire de jambes tendues en cinquième, jambe gauche devant, bras bas, corps épaulé à droite.

Sur la première noire de la première mesure, seconde naturelle demi hauteur, jambe gauche en l'air sur la demi-pointe, corps REMIS de face par le bécarre, bras en seconde. Sur la deuxième noire, jambes pliées en seconde, corps épaulé à droite, demi-opposition du bras gauche. Sur la troisième noire, seconde naturelle demi-pointe, corps de face, bras en seconde. Sur la quatrième noire, même position à demi-hauteur.

Sur la première noire de la deuxième mesure, jambes tendues en cinquième sur l'orteil, jambe gauche devant, bras bas, corps épaulé à droite. Sur la première croche de la deuxième mesure, jambes pliées en cinquième, jambe gauche devant, corps de même qu'au mouvement précédent. Sur les deux doubles croches suivantes, deux ronds de jambe en l'air (Voyez chapitre 4mes et 5mes), les bras en seconde, corps de face. Sur la blanche de la même mesure, position de seconde naturelle à terre.

Sur la première noire de la troisième mesure, position de jambe retirée à demi-hauteur, corps tourné d'UN QUART de tour à gauche, bras bas sur la deuxième noire, jambe pliée en quatrième, jambe gauche derrière, corps encore tourné du côté gauche d'UN QUART de tour comme au mouvement précédent, demi opposition du bras droit. (Ce mouvement indique la préparation de pirouette en dedans formant avec le mouvement de bras précédent un PORT DE BRAS).

Sur la première croche, quatrième naturelle, jambe gauche pliée en l'air, corps de face, les bras arrondis. Sur la deuxième croche quatrième naturelle augmentée, jambe en l'air tendue. (Ces quatre derniers mouvements sont liés, c'est-à-dire, fondus les uns avec les autres).

Sur la première noire de la quatrième mesure, position de jambes tendues en cinquième sur l'orteil, jambe gauche derrière, bras bas. Sur la première croche, jambe pliée en cinquième sans changer les jambes, mais sur les talons. Sur les deux doubles croches, rond de jambe en dedans, en l'air de la jambe gauche, quatrième devant augmentée et quatrième devant naturelle jambe retirée; ces trois mouvements faits en l'air. Sur la blanche, quatrième derrière augmentée, bras gauche en l'air, corps épaulé à droite.

Le premier signe de la cinquième mesure est précédé du signe accessoire POSEZ DESSOUS, puis le tout se répète de l'autre jambe, et donne la décomposition d'un TEMPS DE PIROUETTE RELEVÉ A LA SECONDE, POSÉ EN CIN-QUIÈME SUR L'ORTEIL, PRÉPARATION, DEUX RONDS DE JAMBES EN L'AIR EN DEHORS; PORT DE BRAS; REVENEZ EN SECONDE, POSEZ DERRIÈRE, ROND DE JAMBE EN DEDANS FINI EN ATTITUDE.

L'EXEMPLE SEIZIÈME est la répétion de l'Exemple quinzième, avec addition du signe TOURNEZ, deux tours aux mouvements désignés par les lettres (A, B, C, D, E, F, G, H).

L'EXEMPLE DIX-SEPTIÈME (Planche VI) représente : position préparatoire en cinquième jambe droite devant, corps épaulé à gauche, bras bas.

Sur la première noire : seconde naturelle à demi hauteur, jambe droite en l'air pliée, corps REMIS de face par le bécarre, demi bras du bras gauche, le droit tendu.

Sur la première croche de la première mesure : posez dessus petit battement double de la jambe gauche (Voyez Chap. IX, page 36), se répétant et continuant jusqu'à la sixième croche de la deuxième mesure, avec addition du signe TOURNEZ DEUX TOURS qui se trouve sur la première croche de la deuxième mesure. Pendant cette mesure, les bras marquent bras bas, bras arrondis et bras tendus ; ces trois mouvements successifs sont LIÉS.

Sur la septième croche de la deuxième mesure : position de cou de pied devant, jambe gauche en l'air, sans change-ment de bras. Sur la huitième croche de la deuxième mesure, seconde naturelle, demi hauteur, les bras comme au mou-vement précédent.

Sur la première croche de la troisième mesure, jambes pliées en seconde, corps épaulé à droite, demi bras du bras gauche, l'autre bras tendu. Sur la deuxième croche de la troisième mesure, petit battement double de la jambe gauche, tournez deux tours à gauche, bras arrondis. Les petits battements doubles, ainsi que les deux tours se prolongent jus-qu'à la sixième croche de la troisième mesure.

Sur la septième croche de la troisième mesure, position de cou de pied devant, jambe gauche en l'air. Sur la huitième croche, seconde naturelle demi hauteur demi pointe, bras en seconde.

Sur la première croche de la quatrième mesure, jambes pliées en seconde, corps épaulé à droite, demi bras du bras gauche, le bras droit tendu. Sur la première double croche, rond de jambe en dehors à demi hauteur, de même sur les doubles croches suivantes. Pendant ce temps les bras restent en seconde, et le signe tournez à gauche deux tours se prolonge jusqu'à la dernière double croche ; sur l'avant dernière croche de la même mesure : seconde naturelle, bras en seconde ; enfin sur la dernière croche, seconde naturelle à demi hauteur, jambe à terre pliée, demi bras du bras droit, le gauche tendu. Idem de l'autre jambe.

Cette suite de mouvements donne la décomposition de JETÉ BATTEMENTS, TOURNEZ DEUX TOURS, TEMPS DE PIROUETTE, PIROUETTE A BATTEMENTS, TEMPS DE PIROUETTE, PIROUETTE A RONDS DE JAMBES. L'exem-ple se termine par seconde naturelle posez derrière en cinquième jambes tendues.

L'EXEMPLE DIX-HUITIÈME représente position préparatoire en cinquième jambes tendues droite devant bras bas corps épaulé à gauche.

Sur le soupir, jambes pliées en cinquième droite devant corps remis de face par le bécarre.

Sur la première croche jambes tendues en première en l'air.

Sur la première croche de la première mesure jambes pliées en cinquième jambe gauche devant. — Sur les deux doubles croches : jambes tendues en première en l'air.

Sur les deux autres quarts de la mesure les mêmes mouvements se répètent.

Sur la première croche de la deuxième mesure : jambes pliées en cinquième gauche devant. Sur la seconde croche de la même mesure : jambes tendues en l'air et en seconde bras ouverts.

Sur les deux temps suivants de la deuxième mesure : jambes pliées en seconde, demi bras du bras gauche, bras droit tendu, corps épaulé à droite.

Sur la troisième mesure position de cou de pied , jambe gauche en l'air, signe TOURNEZ A GAUCHE quatre tours, bras bas.

Cette indication continue jusqu'au troisième quart de la quatrième mesure. Sur le dernier temps de la quatrième mesure l'enchaînement recommence de l'autre jambe. Il termine jambes tendues en quatrième jambe gauche devant bras bas dits au public.

Cette suite de mouvements donne la décomposition de TROIS CHANGEMENTS DE PIEDS , ÉCHAPPÉ , PIROUETTE SUR LE COU DE PIED, POSEZ DEVANT et DE MÊME DE L'AUTRE JAMBE.

EXEMPLES

DE

STÉNOCHORÉGRAPHIE

Impr. Lith. Barousse, cour du Commerce, 12, Paris

EXEMPLE 1er

EXEMPLE 2ème

Portée .... sténochorégraphique.

Portée .... de musique.

EXEMPLE 3ème   EXEMPLE 4ème

EXEMPLE 5ème   EXEMPLE 6ème

EXEMPLE 7ème.

EXEMPLE 8ème.

EXEMPLE 9ème.

EXEMPLE 10ème

Lento.

(1)   (2)   (3)

(4)   (5)   (6)   (7)   (8)

EXEMPLE 11ème

Moderato.

(1) (2) (3) (4) (5) (6) (7) (8)

(9) (10) (11) (12) (13) (14) (15) (16) (17)

EXEMPLE 12ème

(1)   (2)   (3)   (4)   (5)   (6)   (7)   (8)

(9)   (10)   (11)   (12)   (13)   (14)   (15)   (16)

EXEMPLE 13ème

(1)   (2)   (3)   (4)   (5)   (6)   (7)   (8)

EXEMPLE 14ème

(1)   (2)   (3)   (4)   (5)   (6)   (7)   (8)

EXEMPLE 15ème

Moderato.

(1)   (2)   (3)   (4)

(5)   (6)   (7)   (8)

EXEMPLE 16ème

(a)   (b c   d)

Moderato.

(1)   (2)   (3)   (4)

(e)   (f   g   h)

(5)   (6)   (7)   (8)

EXEMPLE 17ème

Andante.

Maximilien GARDEL.

Pierre Gabriel GARDEL .

NOTICE

PIERRE-GABRIEL GARDEL.

Pierre Gabriel GARDEL, danseur et chorégraphe, né à Nancy le 4 février 1758, est le second fils d'un maître de ballets de *Stanislas* 1er roi de Pologne. Il vint à Paris en 1774, et y fut reçu élève de l'école de danse qui avait pour maître son frère aîné. Admis comme danseur à l'Ecole royale de musique en 1776, il devint premier danseur en 1780, fut nommé en 1784, aide de son frère, qui était alors maître de ballet, et dès l'année 1786 il obtint du roi une pension de 6000 fr. En 1787 il fut nommé maître, chef et compositeur de ballets, et il conserva cette place pendant 40 ans, sous tous les gouvernements qui se succédèrent en France.

Comme danseur, son genre était la danse noble et sérieuse, dans laquelle, malgré ses talents, il n'avait pas fait oublier *Vestris le père*; il se faisait néanmoins applaudir par les avantages que lui donnaient sa taille, la gravité de ses traits, par une grande pureté d'exécution et la noblesse de sa tournure. Cependant il eut le tort de vouloir suivre le genre de danse de *Vestris fils* qui éclipsait alors par son exécution brillante tous les danseurs sérieux tels que *Gardel*. A la suite d'un tour de reins que celui-ci se donna, il cessa de danser sur le Théâtre vers l'année 1796; mais il y a paru dans quelques représentations extraordinaires jusqu'en 1816. Nommé Directeur de l'école de danse, en 1804, il l'était encore en 1816. Enfin à diverses époques, il a fait partie du jury de lecture à l'Opéra, vu que non seulement il était à ce théâtre le roi de la danse, mais aussi pour ainsi dire le Directeur suprême; il ne se faisait rien en ce qui concernait la direction de ce Théâtre, tant pour la danse que pour la partie musicale sans son approbation. *Gardel* ne s'est pas borné à l'art de la danse et de la chorégraphie, il avait fait toutes ses études, et il cultiva dans sa jeunesse la musique avec autant de goût que de succès. Il se fit entendre sur le violon au concert spirituel en 1781, au Théâtre de Haymark, et à Londres, en 1782, et plusieurs fois depuis à Paris dans son ballet de la *Dansomanie*, où il exécutait un solo de violon. Son goût pour la musique et ses profondes connaissances se font remarquer dans les nombreux morceaux qu'il a choisis pour ses ballets. Les airs qu'il a puisés dans les chefs d'œuvre de *Gluck, Haydn, Mozart, Cimarosa, Paësiello*, etc, se liaient admirablement à ceux que lui ont fournis *Méhul, Chérubuni, Kreutzer*, etc.

Ses ballets se distinguent surtout par l'art de la mise en scène, de la distribution du *maniement* des masses, par la supériorité incontestable qu'il possédait dans l'art de *régler* sur la note et dans le sentiment de la musique; les pas et la musique ne faisaient qu'un; entre autres le pas de *la Vestale*, qui est resté un chef d'œuvre d'art, d'école et de type. Il était moins heureux dans ce qui concernait l'inspiration et le génie; ses compositions se ressentaient de son caractère froid, mais si ses ballets péchaient un peu par l'imagination et l'originalité, ils offraient de beaux tableaux, des scènes bien disposées et des situations expliquées par la musique d'une manière aussi claire que gracieuse; au total ses ouvrages sont dignes de leur réputation.

Sa classe de danse était la réunion de toutes les célébrités de son époque; il y régnait un ton et des manières dignes des premiers salons de la haute société, et Madame *Gardel*, née *Marie-Anne Houbert*, qui joignait à un talent très distingué comme danseuse un esprit des plus remarquables, la présidait à merveille.

Gardel était doué d'une grande distinction de langage et de maintien; il possédait au plus haut degré l'art si difficile d'imposer le respect et la discipline à tout un corps de ballet. Une faute commise n'était jamais oubliée, et celui qui avait manqué à son devoir était sûr d'en subir tôt ou tard les conséquences.

Aussi *Gardel* était-il la terreur de son corps de ballet; un silence de mort régnait lorsqu'il entrait sur le théâtre pour une répétition; en somme il se faisait plutôt craindre qu'aimer.

Gardel survécut à sa femme et à son frère; il mourut à Montmartre le 9 novembre 1840, après une longue maladie.

Ses principaux ouvrages sont :

TÉLÉMAQUE.	PAUL ET VIRGINIE.	L'ENFANT PRODIGUE.
PSYCHÉ.	MIRZA.	L'HEUREUX RETOUR.
LE JUGEMENT DE PARIS.	VENUS ET ADONIS.	LA FIANCÉE DE GAERTE.
LA DANSOMANIE.	ALEXANDRE CHEZ APPELLES.	PROSERPINE.
LE RETOUR DE ZÉPHIR.	LA FÊTE DE MARS.	LA SERVANTE JUSTIFIÉE.
DAPHNIS ET DENDRONE.	POMONE.	CHASSE DE L'OUVERTURE DU
ACHILLE A SCYROS.	PERSÉE ET ANDROMÈDE.	JEUNE HENRI.

D'après son frère, il a monté *la Rosière, Mirza, Ninette à la cour.*

Ses ouvrages non représentés sont : *Guillaume Tell, la Bienfaisance, Méléagre et Atalante, Armide, Samson, le Talisman.*

Il a en outre composé les divertissements de la plupart des Opéras qui ont paru à son époque, dont les plus célèbres sont : *la Vestale, Fernand Cortez, Trajan, etc.*

Excepté les programmes de ses ballets, qu'il a publiés, écrits en style poétique, et qui ne sont pas ce qu'il a fait de mieux, il n'a laissé aucun ouvrage sérieux sur l'art de la danse.

Nous joignons au portrait de *Pierre Gardel,* celui de son frère aîné *Maximilien,* son maître et prédécesseur, homme de génie et d'imagination, mais que la mort enleva trop tôt aux arts et aux artistes. Quoique sa courte carrière ait été plutôt vouée au professorat qu'à l'exécution et à la composition, le Théâtre de l'Opéra lui doit cependant quelques ouvrages, véritables chefs-d'œuvre du genre, dont son frère en a remis plusieurs , tels que *la Ro-sierre, Mirza, Ninette à la Cour*; ses autres ballets sont : *la Chercheuse d'esprit, le Navigateur,* qui eut un très grand succès, et *le Déserteur,* devenu si célèbre. Il était né en 1740 et mourut en 1787.

Imp. Bertauts, Lithographe

Gaetano GIOJA.

NOTICE

SUR

GAETANO GIOJA.

GAETANO GIOJA, une des gloires de la scène italienne, est né à Naples en 1768.
Fils d'*Antoine Gioja et d'Anna Carbani* sa femme, il avait été par ses parents destiné à la cléricature, et jusqu'à l'âge de douze ans, il avait commencé son éducation chez les Jésuites.

A cette époque on était loin de supposer que ce jeune presbytérien serait appelé
à devenir un des plus célèbres chorégraphes de l'Italie et mériterait unjour, comme
l'ont nommé depuis les Italiens, le nom du *Sophocle* de l'art chorégraphique.

C'est au célèbre *Vestris* qui était à Naples en 1781 et 1782, et qui entretenait des
relations d'amitié avec son collégue *Antoine Gioja*, que *Gaetano* doit son étrange
changement de vocation. *Vestris*, si spirituel et si adroit quand il s'agissait de
narrer ses triomphes, s'abandonnait entièrement à ses propres louanges emphasées lorsqu'il se trouvait avec son ami *Antoine*, et le petit presbytérien écoutait
ces récits, sorte de fruit défendu pour lui, avec d'autant plus de ferveur, qu'il
sentait déjà en lui s'élever les premiers mouvements de sa véritable vocation.
Le jeune novice sacrifia décidément la gloire céleste à l'amour de la gloire mondaine, et plein de cette pensée, il abandonna avec empressement cette vie pieuse,
pleine de privations et d'abnégations, qui était du reste peu en rapport avec
l'âme vive et ardente de *Gaetano Gioja*.

Le génie est un feu inextinguible qui sait se faire place à travers tout obstacle, et comme l'a si bien dit un de nos grands écrivains : *L'homme de génie n'est
satisfait que lorsqu'il a produit au dehors ce qu'il ressent au dedans.* *Gioja* possédait en lui ce don si précieux et si rare du génie; dès lors, il voulut entrer
dans la carrière artistique, et malgré les remontrances réitérées de ses parents,
il n'eut de cesse que lorsque son père lui eut donné un professeur de danse.

Imp. Bertauts, r. Cadet, Paris.

Gaetano GIOJA.

NOTICE

GAETANO GIOJA.

GAETANO GIOJA, une des gloires de la scène italienne, est né à Naples en 1768. Fils d'*Antoine Gioja* et d'*Anna Carbani* sa femme, il avait été par ses parents destiné à la cléricature, et jusqu'à l'âge de douze ans, il avait commencé son éducation chez les Jésuites.

A cette époque on était loin de supposer que ce jeune presbytérien serait appelé à devenir un des plus célèbres chorégraphes de l'Italie et mériterait un jour, comme l'ont nommé depuis les Italiens, le nom du *Sophocle* de l'art chorégraphique.

C'est au célèbre *Vestris* qui était à Naples en 1781 et 1782, et qui entretenait des relations d'amitié avec son collègue *Antoine Gioja*, que *Gaetano* doit son étrange changement de vocation. *Vestris*, si spirituel et si adroit quand il s'agissait de narrer ses triomphes, s'abandonnait entièrement à ses propres louanges emphasées lorsqu'il se trouvait avec son ami *Antoine*, et le petit presbytérien écoutait ces récits, sorte de fruit défendu pour lui, avec d'autant plus de ferveur, qu'il sentait déjà en lui s'élever les premiers mouvements de sa véritable vocation. Le jeune novice sacrifia décidément la gloire céleste à l'amour de la gloire mondaine, et plein de cette pensée, il abandonna avec empressement cette vie pieuse, pleine de privations et d'abnégations, qui était du reste peu en rapport avec l'âme vive et ardente de *Gaetano Gioja*.

Le génie est un feu inextinguible qui sait se faire place à travers tout obstacle, et comme l'a si bien dit un de nos grands écrivains : *L'homme de génie n'est satisfait que lorsqu'il a produit au dehors ce qu'il ressent au dedans*. *Gioja* possédait en lui ce don si précieux et si rare du génie; dès lors, il voulut entrer dans la carrière artistique, et malgré les remontrances réitérées de ses parents, il n'eut de cesse que lorsque son père lui eut donné un professeur de danse.

Antoine Gioja ne voulut pas entreprendre lui-même l'éducation de son fils dans une carrière dont il connaissait par lui-même toutes les difficultés et les désillusions auxquelles on est continuellement en but, même en étant à l'apogée de l'art. Cependant il céda à ses prières, et le mit entre les mains de *Traffieri*, maître de ballets de mérite; bientôt *Gaetano Gioja* avait subi sa transformation complète, il fit en peu de temps des prodiges en danse. Appellé à faire ses premiers débuts, il quitta ses parents à l'âge de 19 ans, et dansa pour la première fois habillé en femme, comme son contemporain et rival *Salvatore Vigano* sur un des théâtres de Rome. Engagé en 1789 à Vicence, il y monta son premier ouvrage intitulé *Sofonisba* dont le succès lui ouvrit aussitôt les plus grandes scènes de l'Italie. Nous ne fatiguerons pas le lecteur en détaillant tous les succès que *Gioja* a obtenu pendant sa brillante carrière, il suffira de faire connaître ici, pour prouver sa fécondité d'imagination, que *Gioja* composa depuis 1789 jusqu'en 1826 deux cents vingt-et-un ballets, tant petits que grands, dont 46 à Naples, 42 à Milan, 5 à Vienne, 20 à Turin, 4 à Venise, 19 à Rome, 38 à Florence, 12 à Bologne, 12 à Livourne, 2 à Lisbonne, 1 à Parme, 5 à Reggio, 2 à Padoue, 2 à Vicence, 1 à Monza 1 à Rovigo, 4 à Brescia et 5 à Gênes.

Il commença avant *Vigano* à composer des ballets; c'est pourquoi ses premiers ouvrages appartiennent plutôt au style de l'ancienne école italienne; mais ayant eu bientôt occasion de se trouver à Vienne avec *Vigano*, il suivit depuis ouvertement le beau genre dont ce célèbre chorégraphe était le créateur, tout en donnant à ce genre un style plus romantique. Il excellait dans le détail des masses, dans la clarté et la nouveauté de ses situations dramatiques, et lorsqu'il donna *César en Égypte*, on raconte que *Vigano* ne se cachait point de dire que cet ouvrage était le roi des ballets héroïques, et qu'il n'oserait pas lui comparer le meilleur des siens; modestie sans doute de la part de *Vigano*, mais qui ne laisse pas de faire voir combien il appréciait les beautés de l'ouvrage de *Gioja*.

Gioja était aussi excellent musicien; quand il composait ses ballets, il s'enfermait généralement la nuit, et en même temps qu'il concevait la *contexture* d'une scène, il y adaptait en préludant sur son violon une musique tirée d'Opéras ou d'autres choses, qu'il enchaînait au juste dans le sentiment de sa scène. Il obtenait ainsi un tout fondé dans une même pensée, et il est à remarquer que les *maestri* auxquels il donnait ensuite sa musique ainsi tracée pour l'arranger définitivement, gardaient presque toujours les motifs que *Gioja* avait si ingénieusement combinés pour ses scènes.

Sa féconde imagination, le faisait toujours triompher avec bonheur des idées neuves et hardies dont ses ouvrages étaient remplis. Par exemple, dans *Saffo*, il tenta d'exprimer par des gestes la poésie imagée, pour ainsi dire, par la musique; la situation représentait *Saffo* au moment où on l'engage à chanter, l'Orchestre jouait une romance; elle l'écoutait d'abord; et ensuite comme inspirée par cette musique, elle rendait les couplets en pantomime. Le talent de la *Conti* le servit on ne peut mieux dans cette tentative, qui eut un succès d'enthousiasme. C'est à *Gioja* que l'on doit une foule d'ouvrages qui ont passé les Alpes, sans conserver, comme il arrive si souvent en danse, ni le nom, ni l'idée primitive de l'auteur.

Entr'autres, les *mineurs Wallaques*, charmant ballet duquel a été tirée la *Laitière Suisse*, ce petit tableau si frais et si naïf.

De même, *Nina folle par amour, la Fille soldat, l'Elève de la nature, la maison inhabitée*; tous ces ballets de genre joués depuis à satiété sur tous les théâtres d'Europe, grands et petits, déguisés sous toutes les formes, ne sont que de faibles reproductions des siens, et dans lesquels, comme récompense, l'auteur voyait des noms étrangers figurer sur l'affiche !!!

Gioja évitait judicieusement dans ses compositions tout ce qui n'appartenait pas à l'action du moment. Il ne plaçait jamais un récit en pantomime, à moins que l'action n'ait permis au public, par une scène antécédente, de comprendre le récit qu'il présentait après.

Dans les *Mineurs Wallaques*, la *Pallerini* représentait merveilleusement une situation de ce genre, dans laquelle elle racontait en gestes, postérieurement à une action qui avait eu lieu en scène, tout ce qu'il lui était arrivé. Et encore dans le ballet de *Romilda* et *Constance*, il s'imagina de rendre en pantomime la situation suivante : Un père disait furtivement à sa fille quelques mots à l'oreille par lesquels il lui promettait d'accomplir son vœu le plus cher, si elle savait feindre momentanément devant les témoins présents, et la fille exprimait par des gestes visibles au public, ce que son père lui disait ainsi.

Gioja était doué d'un physique heureux ; affable doux et modeste, il était aimé de tous ceux qui le connaissaient.

Il épousa *Donna Teresa de Gaetani* de Naples, veuve du *Marquis de Miciagna*, avec laquelle il eut trois enfants, un garçon et deux filles, dont l'une, chanteuse distinguée, épousa le célèbre *Tamburini*. La carrière de *Gioja* fut un véritable parcours de triomphes ; de grands personnages, désireux de garder des souvenirs de ses drames émouvants, en ont fait reproduire sur la toile différents moments. Ainsi, la *Reine de Sardaigne* commanda deux tableaux dont le sujet était la grande scène du deuxième acte de *Gundeberga* et celle de *l'Exilé en Sibérie*. *Eugène de Beauharnais*, qui comblait le chorégraphe d'honneurs et de distinction, voulut avoir en peinture une série des différentes scènes de son fameux ballet *César en Égypte*; le choix du sujet de ce ballet, était une allusion faite à la mémorable expédition de l'Empereur *Napoléon* qui assista à la première représentation de cet ouvrage; à la fin de la soirée, *Napoléon* fit appeler *Gioja*, et lui remettant une bague en diamants et une tabatière en or, il ajouta ces mots : « Acceptez ces bagatelles en témoignage de ma satisfaction; indignes de votre mérite, elles auront celui de vous faire souvenir de qui vous les avez reçues.»

Gaetano Gioja fut nommé vers la fin de 1825, maître de l'Ecole de pantomime à Naples. Il mourut dans cette ville le 30 mars 1826, à l'âge de 58 ans, des suites d'une luxation accidentelle, laissant après lui plus de gloire encore qu'il n'avait osé l'espérer dans sa jeunesse.

Voici la liste de ses principaux ouvrages :

1. SOFONISBA.
2. DIVERTIMENTO ANACREON-TICO.
3. EDIPPO.
4. LO SCULPTORE.
5. LE NOZZE DI FIGARO.
6. IL DISTRATTO
7. IL DIAVOLO A QUATTRO.
8. ANTIGONA.
9. DIVERTIMENTO CAMPESTRE.
10. LA FELICITA LUSITANIA.
11. DIVERTIMENTO VILLARECIO.
12. ELFRIDA.
13. TESEO IN ATENE.
14. IL CORRADINO.
15. LI SCIOCCHI BURLATI.
16. LA NINA PAZZA PER AMORE.
17. LE VIRGINI DEL SOLE.
18. L'IMPERTINENTE.
19. ARGINIA.
20. LA DISFATTA DEI MORI.
21. LA COSTANZA PREMIATA.'
22. LA PASTORELLA.
23. L'AMOR VEDOVILE.
24. LE TRIPPLICI NOZZE.
25. LA VENDEMMIA.
26. LA VILLANELLA RAPITA.
27. IL SARTO TUTORE.
28. DIVERTIMENTO.
29. GLI ORAZI E I CURIAZI.
30. I MORLACCHI.
31. ACCAMPAMENTE MILITARE.

32. DEMETRIO POLIONCETE.
33. I CURLANDESE.
34. LA MOGLIE LIBERA ED IL COLLOTORTO.
35. ALCESTE.
36. IL GIUDIZIO DI PARIDE
37. ZULIMA ED AZEMA.
38. LA CAPRICCIOSA.
39. ANDROMEDA.
40. I DISPETTI AMOROSI.
41. BENCHE RICCO SEMPRE POVERO.
42. I RITI INDIANI.
43. ULISSE.
44. LA SCUOLA DE' PULCINELLI.
45. I DUE GRANATIERI.
46. SAFFO.
47. ERCOLE AL TERMODONTE.
48. CESARE IN EGITTO.
49. L'ALLIEVO DELLA NATURA.
50. LA MORTE DI ROLLA.
51. I MINATORI VALLACCHI.
52. ERO E LEANDRO.
53. L'INASPETTATA FELICITA.
54. IL PULTRONETTO.
55. LA DONNA MILITARE.
56. LO SCIOCCO PASTORE D'ARCADIA.
57. LE NOZZE IN CAMPAGNA.
58. LA DISPERARAZIONE DI GILLETTO.
59. LA PROVA GENERALE.

60. LA CONVERSAZIONE AL BUJO.
61. I DUE PRIGIONERI.
62. IL FLAUTO MAGICO.
63. ZEMIRA E AZOR.
64. LA SPOSA TARTARA.
65. ORFEO.
66. LA CASA DISABITATA.
67. LE DUE GIORNATE.
68. IL TRIONFO DI TRAJANO.
69. GUNDEBERGA.
70. NIOBE.
71. APPELLE E CAMPASPE.
72. GUIDON SELVAGGIO.
73. ROMILDA E COSTANZA.
74. CONTE D'ESSEX.
75. L'INGEGNO SUPERA L'ETA
76. AKBAR.
77. CAPPRICCIO E BUON CUORE.
78. GABRIELLA DI VERGY.
79. ODOACRE.
80. LA GAZZA LADRA.
81. OTTAVIA.
82. GLI ESILIATI IN SIBERIA.
83. KENILWORT.
84. I BACCANALI.
85. ZOE.
86. BRADOMANTE.
87. CLEOPATRA IN SIRIA.
88. IL MERCAJUOLO.
89. IL SEGRETO.
90. NICOLO PESCE etc., etc.
—

RÉSUMÉ DE LA NEUVIÈME LIVRAISON.

L'EXEMPLE DIX-NEUVIÈME (Planche VII) représente :

Position préparatoire en cinquième jambes tendues droite derrière bras bas corps épaulé à droite.

Sur le soupir de la première mesure, seconde naturelle demi-hauteur, jambe droite en l'air tendue, jambe gauche à terre pliée corps de face penché à gauche bras bas.

Sur la première double-croche, signe accessoire posez dessus précédent seconde naturelle demi-hauteur jambe gauche en l'air tendue, jambe droite à terre tendue demi-pointe corps droit.

Sur la deuxième double croche, signe accessoire ALLONGEZ A GAUCHE, précédant seconde naturelle demi-hauteur jambe droite en l'air tendue jambe gauche à terre tendue demi-pointe le corps droit.

Sur les deux doubles croches de la deuxième mesure, signe accessoire posez dessus précédent seconde naturelle demi-hauteur jambe gauche en l'air tendue jambe droite à terre pliée corps de face PENCHÉ à droite.

Par la succession des trois mouvements A, B, C, situés à la ligne des épaules, le corps effectue un balancement, c'est-à-dire le corps se penche du côté opposé aux jambes qui se lèvent. Ce balancement continue régulièrement une fois par mesure pendant tout l'exemple, et il suffit en tel cas, pour ne pas surcharger les lignes de signes superflus, d'indiquer une seule fois le mouvement intermédiaire du corps ; les fois suivantes, les principaux mouvements du corps sont seuls indiqués.

Il est aussi à remarquer, qu'à partir de la lettre D, les signes suivants indiquent tous des positions à demi-hauteur ; pour en simplifier l'écriture, les numéros $\frac{1}{2}$, qui désignent en sténochorégraphie demi-hauteur et qui, dans ce cas, devraient accompagner chaque signe de seconde, seront remplacés par : SUIVEZ A LA DEMI-HAUTEUR, *avec une continuation de points,* à commencer de l'endroit destiné à exécuter le mouvement jusqu'à l'extinction des points. (Voy. l'Exemple.)

Cette règle est applicable à tous les enchaînements se composant des signes angles droits à demi-hauteur, jambes retirées à demi-hauteur et ronds de jambes à demi-hauteur.

Lorsqu'il n'y a qu'un ou plusieurs signes à demi-hauteur, le numéro DEMI est indispensable ; mais lorsque toute une série s'exécute à demi-hauteur par les signes indiqués ci-dessus, on se servira de l'abrévation que nous avons mentionnée.

Sur la troisième double croche de la deuxième mesure, signe accessoire posez dessus précédent seconde naturelle jambe droite en l'air, jambe gauche à terre tendue demi-pointe.

Sur la quatrième double croche de la deuxième mesure, signe accessoire allongé à droite, précédent seconde naturelle jambe gauche en l'air tendue, jambe droite à terre tendue demi pointe.

Sur les cinquièmes et sixièmes doubles croches de la deuxième mesure : signe accessoire posez dessus, précédent seconde naturelle jambe droite en l'air tendue jambe gauche à terre pliée, corps penché du côté gauche.

Sur la septième double croche de la deuxième mesure : signe accessoire posez dessus précédent, seconde naturelle jambe gauche en l'air, jambe droite à terre tendue demi-pointe.

Sur la huitième double-croche de la deuxième mesure : signe accessoire allongé à gauche précédent seconde naturelle jambe droite en l'air, jambe gauche à terre tendue demi-pointe.

Les mêmes mouvements de la deuxième mesure se répètent sur la troisième et quatrième, jusqu'aux trois quarts de la cinquième mesure. Le signe accessoire DE MÊME est donc appliqué tant pour les jambes que pour le corps aux troisième, quatrième et cinquième mesures.

A partir de l'avant-dernière double-croche de la cinquième mesure lettre E, les mouvements se font en arrière. Ils diffèrent des mouvements des premières, deuxièmes, troisièmes, quatrièmes et cinquièmes mesures en ce que les signes accessoires POSEZ DESSOUS remplacent dans les mesures suivantes le posez dessus des cinq premières.

Cette suite de mouvements donne la décomposition du pas dit PAS DE BOURRÉE DESSUS EN AVANT et PAS DE BOURRÉE DESSOUS EN ARRIÈRE.

Nota. Au Chapitre neuvième, page 30 : il est dit :

Pour allonger ou porter en avant, ou en arrière, aucun signe particulier n'est nécessaire ; il suffit, pour marquer un de ces mouvements, d'avancer ou de reculer d'une ligne de plan le signe indiquant le mouvement qui doit se faire en avant ou en arrière. Malgré cette règle, dans cet exemple, les mouvements formant le pas de bourrée en avant ou en arrière sont écrits sur la même ligne, parce que, le CHANGEMENT de LIGNE DE PLAN n'est APPLICABLE que lorsqu'un mouvement avancé ou reculé se fait TOUT D'UN COUP ou tout à la fois.

Comme dans ces différents mouvements indiquant les pas de bourrée, il n'y en a pas qui avance tout d'un coup ou tout à la fois, il est inutile de changer de ligne de plan ; car le mouvement en avant est forcé par le posez dessus qui fait avancer chaque fois de l'épaisseur du pied.

Il en est de même pour le pas de bourrée en arrière, où le mouvement en arrière est forcé par le posez dessous.

On ne se sert donc du changement de ligne de plan que lorsqu'un signe pouvant EN EXÉCUTION SE POSER SUR PLACE doit, au lieu de cela, VENIR EN AVANT ou ALLER EN ARRIÈRE.

L'EXEMPLE VINGTIÈME donne une complication du pas de bourrée, obtenu en entremêlant d'une certaine manière les signes accessoires, posez dessus et posez dessous. (Voy. l'exemple.)

Les mouvements fondamentaux sont les mêmes qu'au précédent; la différence n'existant que dans les signes accessoires, qui au lieu de donner pas de bourrée toujours dessus ou toujours dessous, donnent cette fois pas de bourrée dessus et dessous, dessous et dessus, dessus et dessous, dessous et dessus, ensuite toujours dessus jusqu'à la quatrième mesure.

A la cinquième mesure se trouve une abréviation usuelle en musique, dans le même sens, applicable en sténochorégraphie. Ainsi, les signes accessoires DE MÊME, accompagnés des chiffres 1, 2, 3, 4, et appliqués aux mesures 5, 6, 7, 8, signifient les quatre premières mesures se répétant là où se trouvent les signes DE MÊME et les numéros des mesures antécédentes. Pour cela il faut indiquer soit par des numéros, soit par des lettres, les mesures coïncidant avec celles où l'on renvoie le lecteur.

Cette abréviation se prolonge ici jusqu'à la moitié de la huitième mesure; à partir de là jusqu'à la treizième, les signes accessoires posez dessus et posez dessous, indiquent cette fois un mouvement opposé ou contraire, c'est-à-dire pas de bourrée DESSOUS et dessus, dessus et dessous, dessous et dessus, dessus et dessous, ensuite toujours dessous.

L'abréviation employée dans les cinquième, sixième septième et huitième mesures, s'adapte de la même manière aux quatre dernières, c'est-à-dire treize, quatorze, quinze et seize sont la répétition de neuf, dix, onze et douze.

Pour faciliter le lecteur et afin de lui donner une idée immédiate et concise de la simplification qui se présente à ses yeux, COME SOPRA, terme italien adopté en musique, et signifiant : COMME CI-DESSUS ou COMME AUPARAVANT, peut encore s'ajouter en sténochorégraphie au-dessous des signes DE MÊME et des numéros.

L'exemple finit en cinquième, jambes tendues, droite devant, gauche derrière, bras bas, corps épaulé à gauche.

L'EXEMPLE VINGT-UNIÈME (Planche VIII) représente à la première ligne de plan, position préparatoire en cinquième jambes pliées droite devant bras bas corps épaulé à gauche.

Sur la première croche, jambes tendues en seconde sur l'orteil, corps épaulé à droite bras bas.

Sur la deuxième croche, jambes pliées en cinquième droite derrière, corps et bras comme au mouvement précédent.

Sur la première croche de la deuxième mesure, jambes tendues en seconde sur l'orteil, corps épaulé à gauche, bras bas.

Sur la deuxième croche de la deuxième mesure, jambes pliées en cinquième, droite devant, bras et corps comme au mouvement précédent.

Sur la première croche de la troisième mesure, position de cou-de-pied devant jambe droite en l'air, jambe gauche sur l'orteil, bras bas, dits au public corps de face.

Sur la deuxième croche de la troisième mesure, jambes pliées en cinquième, jambe gauche devant, bras bas, corps épaulé à droite.

Sur la première croche de la quatrième mesure, position de cou-de-pied devant, jambe gauche en l'air, jambe droite sur l'orteil, bras bas, dits au publics corps de face.

Sur la deuxième croche de la quatrième mesure, jambes pliées en cinquième, jambe droite devant, bras bas, corps épaulé à gauche.

Les cinquième et sixième mesures sont la répétition des deux premières.

Sur la première croche de la septième mesure, seconde naturelle, demi hauteur, jambe droite en l'air, jambe gauche à terre sur l'orteil, bras bas dits au public, corps de face.

Sur la deuxième croche de la septième mesure, jambes pliées en cinquième gauche devant, bras bas, corps épaulé à droite.

Sur la huitième mesure, se répètent de l'autre jambe les mouvements de la septième, et sur les neuvième, dixième, onzième, douzième, treizième, quatorzième, quinzième et seizième mesures, se répètent ceux des huit premières.

Cette suite de mouvements donne la décomposition de deux temps de cou-de-pied en épaulant le corps, relevé sur le cou-de-pied et sur l'orteil posé derrière, idem de l'autre jambe, 2 fois temps de cou-de-pied relevé sur l'orteil la jambe à demi hauteur, posée derrière, plié, idem de l'autre jambe.

Le tout se répète. Seulement les onzième et douzième mesures qui font pendant avec les troisième et quatrième diffèrent de celle-ci en ce que la position de cou-de-pied devant se trouve cette fois derrière. Voy. A, B, dans les quinzième et seizième mesures, la jambe en l'air, pose devant au lieu de poser derrière comme dans les septième et huitième. Voy. C et D.

L'EXEMPLE VINGT-DEUXIÈME (Planche IX) représente : position préparatoire en quatrième devant à terre, diminuée, jambe droite portant (le corps) jambe gauche croisée, corps épaulé à droite, demi bras du bras droit, le gauche tendu en seconde.

Sur la première croche, seconde naturelle à demi hauteur, jambe gauche à terre pliée, mouvement avancé d'une ligne de plan de la position préparatoire, bras bas, corps épaulé comme au commencement. La position préparatoire avec ce premier mouvement, forme un PAS MARCHÉ OBLIQUE en avant, préparant le brisé.

Sur la deuxième croche, jambes tendues en l'air en cinquième droite derrière, gauche devant, précédées du signe accessoire allongez à droite, corps comme au mouvement précédent.

Sur la première croche de la première mesure, jambes pliées en cinquième, droite derrière, gauche devant.

Sur la deuxième croche, jambes tendues en première en l'air.

Sur la troisième, jambes pliées en cinquième à terre, droite devant, gauche derrière.

Sur la quatrième croche, jambes tendues en première en l'air.

Sur la cinquième croche, position de cou-de-pied derrière, jambe droite en l'air, jambe gauche à terre pliée.

Sur la sixième croche, quatrième derrière naturelle en l'air, à demi hauteur, bras au public.

Sur la première croche de la deuxième mesure position de jambes pliées en cinquième droite devant reculé d'une ligne de plan du mouvement précédent. Ici le corps change d'épaulement, il s'épaule à gauche avec les bras bas, et reste ainsi pendant les deux mesures suivantes.

Sur la deuxième croche de la deuxième mesure, jambes tendues en l'air en première.

Sur la troisième croche, jambes pliées à terre gauche devant.

Sur la quatrième croche, jambes tendues en l'air en première.

Sur la cinquième croche, position de cou-de-pied derrière gauche en l'air, droite à terre pliée.

Sur la première double-croche de la même mesure, seconde naturelle en l'air à demi-hauteur les bras au public.

Sur la deuxième double-croche, signe accessoire allongez à gauche précédent jambes tendues en l'air en cinquième gauche derrière droite devant.

Les troisième et quatrième mesures sont DE L'AUTRE JAMBE la répétition des deux premières et les mouvements des cinquième et sixième mesures se retrouvent de la même jambe que les deux premières.

Sur la septième mesure comme terminaison de l'enchaînement, changement de pieds, échappé. Sur la huitième mesure pirouette sur le cou-de-pied arrêtée en quatrième derrière à terre, diminuée, jambe droite portant le corps, les bras au public, corps épaulé à gauche.

Cette suite de mouvements donne la décomposition de l'enchaînement dit BRISÉS DE TÉLÉMAQUE SIMPLES.

L'EXEMPLE VINGT-TROISIÈME est la répétition des **BRISÉS DE TÉLÉMAQUE** mais **BATTUS**, avec entrechat à quatre et à cinq.

Dans cet exemple, il est fait application aux signes fondamentaux du signe accessoire **BATTRE DESSUS OU DESSOUS**, c'est-à-dire devant ou derrière. (Voy. Chap. 9, pages 33 et 34).

Tous les entrechats, brisés, gabrioles, etc., enfin tous les temps battus de la danse consistent **EN UN MOUVEMENT FONDAMENTAL, COMPLIQUÉ** d'un, deux, trois ou plusieurs **MOUVEMENTS BATTUS** devant ou derrière.

Ainsi les brisés de Télémaque servent parfaitement d'appui à cette assertion. Ils peuvent se faire :

1° Simples, comme dans l'exemple vingt deuxième.

2° Battus par brisé dessus et dessous, entrechat à quatre, à cinq et brisé dessous et dessus, comme dans l'exemple vingt-troisième.

3° Battus par brisé, entrechat à six, sept et brisé, comme dans l'exemple vingt-quatrième. Les mouvements fondamentaux sont toujours les mêmes : il n'y a que la **BATTERIE** qui change.

Dans l'exemple vingt-troisième mentionné, ci-dessus, les mouvements désignés par les lettres A, B, C, D, E, F, G, sont les mêmes mouvements simples de l'exemple vingt-deuxième avec adaptation du signe accessoire **BATTRE**.

A, représente jambes tendues en cinquième en l'air, précédées de seconde naturelle à demi-hauteur et du signe allongez ; au-dessous du signe A, est placé le signe accessoire battre dessus et dessous. Ces différents mouvements donnent en exécution brisé battu dessus et dessous allongé de côté.

B représente encore position de jambes tendues en cinquième en l'air gauche devant. Les signes accessoires battre **DERRIÈRE ET DEVANT** précédés de jambes pliées en cinquième gauche devant donnent en exécution un entrechat à quatre ; car l'entrechat à quatre se compose 1° d'une position en cinquième pliée, qui sert de préparation, 2° d'un mouvement enlevé les deux jambes tendues sans changer la jambe de devant de la préparation, 3° d'un mouvement battu qui commence derrière et **REVIENT DEVANT**.

C, est encore le même mouvement que B, c'est-à-dire, jambes tendues en cinquième en l'air gauche devant avec le signe accessoire battre derrière et devant. Mais par la position de cou-de-pied derrière qui suit le mouvement (C), on obtient un entrechat à cinq pris sur deux pieds fini sur un.

D, représente : quatrième naturelle en l'air à demi-hauteur (la jambe droite formant la quatrième naturelle.) Ce mouvement est compliqué du signe accessoire battre derrière et devant ou dessous et dessus, et représente un brisé dessous et dessus. Comme le signe suivant de jambes pliées en cinquième est reculé d'une ligne de plan de (D), le brisé se trouve battu en reculant. (E), (F), sont de l'autre jambe les mêmes mouvements que B, C.

G est l'équivalent de A, et ainsi de suite aux autres mesures.

Pour tous les temps battus on procédera de la même manière, en ayant soin de tracer d'abord le mouvement fondamental, et y ajoutant ensuite par le signe accessoire le nombre et la diversité des mouvements qui devront se battre.

L'EXEMPLE VINGT-QUATRIÈME, (Planche X) représente les mêmes mouvements fondamentaux de l'exemple vingt-deuxième : les signes accessoires BATTRE diffèrent de l'exemple vingt-troisième, c'est-à-dire l'entrechat à quatre est remplacé par un entrechat à six, et l'entrechat à cinq par un entrechat à sept. Le brisée reste le même.

A représente jambes pliées en cinquième, GAUCHE devant B, jambes tendues en l'air, en cinquième DROITE devant, et dans cette dernière position le signe accessoire battre marque DERRIÈRE, DEVANT, DERRIÈRE.

C, représente jambes pliées en cinquième DROITE devant. Les trois mouvements A, B, C, donnent en exécution un entrechat à six, en battant derrière, devant et derrière sur le mouvement B, comme il est indiqué dans l'exemple.

D, E sont de l'autre jambe, les mêmes mouvements que A et B ; mais au lieu d'être suivis comme A, B, de C, (représentant jambes pliées en cinquième). E indique cette fois position de cou-de-pied derrière, jambe gauche à terre pliée, jambe droite en l'air, et les trois mouvements C, D, E, donnent en exécution un entrechat à sept.

Ainsi de suite pour les autres mesures.

On peut donc varier à l'infini les mouvements battus qui se résument constamment dans l'alternative DEVANT ou DERRIÈRE. Comme en sténochorégraphie on a deux signes accessoires : l'un équivalent à battre devant, et l'autre à battre derrière ; les entrechats et toutes les batteries qui en dérivent, peuvent se décrire à l'aide de ces deux signes, attendu que la différence de ces temps provient des signes fondamentaux de leur préparation et de leur terminaison.

L'EXEMPLE VINGT-CINQUIÈME représente sur la troisième croche de la première mesure, position de cou-de-pied devant, droite en l'air, gauche à terre pliée, bras bas, corps de face.

Sur la quatrième croche, seconde naturelle en l'air à demi hauteur. Signe accessoire allonger à droite.

Ces mouvements se répètent de l'autre jambe sur les deux premières croches de la deuxième mesure, et puis encore une fois sur les troisième et quatrième croches, comme à la première mesure.

Au-dessus des sept premiers mouvements, y compris les signes accessoires ALLONGER, se trouve l'indication : tournez un tour à droite POUR LES SEPT MOUVEMENTS. Cette combinaison donne en exécution le pas dit JETÉ EN TOURNANT, très fréquent en danse.

Sur les deux doubles-croches de la troisième mesure, signe accessoire, posez devant ; quatrième derrière naturelle à demi hauteur, jambe droite à terre, jambe gauche en l'air, toutes deux pliées, le corps tourné d'un quart de tour et penché à droite, les bras bas.

Sur les troisième et quatrième doubles-croches de la troisième mesure, même position que la précédente, mais en l'air, la jambe portant tendue, l'autre tendue à la hauteur de la hanche. Le corps reste comme il était, les bras changent, c'est-à-dire le bras droit va en attitude et le gauche à la seconde. Au-dessous de ce mouvement est placé le signe accessoire, battre devant, c'est-à-dire que la jambe à terre doit battre sur celle qui est en l'air ; la position suivante est comme la première de la même mesure, et ces trois mouvements donnent ensemble en exécution une gabriole derrière.

Sur la dernière croche de la troisième mesure, seconde diminuée à demi hauteur (reculée d'une ligne de plan du mouvement précédent), jambe gauche à terre tendue sur la demi pointe, jambe droite en l'air tendue, les bras bas, le corps toujours tourné d'un quart de tour.

Sur les trois premières croches de la quatrième mesure se répètent les trois premiers mouvements de la troisième,

Sur la première double-croche de la quatrième mesure, jambe tendue en l'air en cinquième droite devant, gauche derrière. Dans cette position le corps est seulement épaulé à droite au lieu d'être tourné d'un quart de tour.

Sur la deuxième double-croche, position de cou-de-pied devant, jambe gauche à terre pliée, jambe droite en l'air, bras en seconde.

Sur les deux doubles-croches de la cinquième mesure, quatrième naturelle, demi hauteur (avancée d'une ligne de plan), jambe droite à terre, jambe gauche en l'air, toutes deux pliées, bras au public. Entre ces deux derniers mouvements se trouve le signe GLISSER.

Sur les troisième et quatrième doubles-croches de la cinquième mesure, même position que la précédente, mais en l'air et les jambes tendues, avec le signe accessoire, battre derrière et devant retombé en position de cou-de-pied devant sur la même jambe.

L'enchaînement recommence ensuite de l'autre jambe et donne en exécution ; jeté en tournant, jeté dessus, cabriole, glissade, gabriole, pas tombé, temps de cuisse fini sur le cou-de-pied devant.

––––––––––

L'EXEMPLE VINGT-SIXIÈME représente position préparatoire, LE DOS AU PUBLIC ou le corps TOURNÉ D'UN DEMI TOUR, bras bas, jambes tendues en cinquième, droite devant.

Les trois premiers mouvements représentent le pas dit ASSEMBLÉ, le dos au public.

Sur la deuxième croche de la deuxième mesure, position de cou-de-pied en l'air, pied gauche levé, le droit tendu à terre. Au-dessous se trouve le signe accessoire TOURNEZ UN DEMI TOUR A DROITE, (le mouvement suivant se retrouve donc de face.)

Sur la croche pointée de la deuxième mesure, même position que la précédente, mais à terre, la jambe portant pliée et le corps de face au public.

Sur la double croche, signe accessoire, posez devant, seconde naturelle à demi hauteur, demi pointe, jambe droite à terre tendue, bras au public.

Sur la première croche de la troisième mesure, posez dessous précédent seconde naturelle, demi hauteur, jambe gauche à terre pliée. TOURNEZ UN DEMI TOUR A DROITE est indiqué au-dessous de ces deux derniers signes, par conséquent le dernier mouvement se trouve encore le dos au public.

Sur la deuxième croche seconde naturelle en l'air, posez dessous pour recommencer le pas de l'autre jambe.

Cette suite de mouvements donne la décomposition d'un assemblé LE DOS AU PUBLIC, temps levé sur le cou-de-pied en TOURNANT UN DEMI TOUR en l'air, glissade en tournant, avec un AUTRE DEMI-TOUR, temps levé et coupé dessous ; le tout répété deux fois de chaque jambe.

EXEMPLE 19e

EXEMPLE 20e

(8)   (9)   (10)   (11)

(12)   (13)   (14)   (15)   (16)

EXEMPLE 21ᵉ

Moderato.

(1)   (2)   (3)   (4)   (5)   (6)   (7)   (8)

(a)   (b)   (c)   (d)

(9)   (10)   (11)   (12)   (13)   (14)   (15)   (16)

EXEMPLE 22^e

Moderato.

(1)   (2)   (3)   (4)

(5)   (6)   (7)   (8)

EXEMPLE 23^e

Moderato. (a)   (b)   (c)   (d)   (e)   (f)   (g)

(1)   (2)   (3)   (4)

(5)   (6)   (7)   (8)

EXEMPLE 24.ᵉ

EXEMPLE 25.ᵉ

EXEMPLE 26.ᵉ

Jean Baptiste BLACHE.

NOTICE

JEAN-BAPTISTE BLACHE.

JEAN-BAPTISTE BLACHE, fils de parents français, naquit à Berlin en 1765. Dès sa tendre enfance son père lui fit donner en cette ville même les premiers principes de la danse théâtrale. Les grandes dispositions qu'on remarqua dans l'enfant, après lui avoir inculqué les premiers principes de la carrière à laquelle on le destinait, ainsi que l'insuffisance des maîtres de ballets qui étaient alors à Berlin, déterminèrent son père à le mener à Paris en 1776. Peu de temps après son arrivée, il entra à l'académie royale de musique, dans la classe de *Deshayes* père. Vers l'année 1786, *Blache* partit pour la province comme maître de ballets et premier danseur. Excellent musicien, parfaitement familiarisé avec les difficultés du violon, il savait en outre tirer du violoncelle des notes admirables, et un tel concours de talents dut naturellement lui faciliter la composition de ses ballets en accordant à sa conception le privilége de ne suivre que ses propres impulsions; ainsi, sans avoir recours à qui que ce fût, il arrangeait lui-même la musique de presque tous ses ouvrages, et l'unité de ses scènes, la parfaite régularité qui régnait entre ses pas et l'harmonie qui les réglait étaient une conséquence toute naturelle de son génie simultanément musicien et danseur. Semblable à *Grétry*, qui n'était jamais plus satisfait de ses œuvres que lorsqu'il les entendait exécuter sur les orgues de Barbarie, *Blache*, lui, ne croyait jamais avoir si bien réussi que lorsqu'il voyait les *petites places* comprendre son sujet et apprécier ses œuvres. Aussi ses ballets étaient-ils tous empreints d'une grande lucidité de conception, et malgré cette apparence légère sous laquelle se révélaient cependant un art et une imagination infinies, il savait si bien distribuer ses scènes et ses pas, si bien observer les ombres au tableau qu'il se mit en peu de temps à la hauteur des plus célèbres compositeurs de son époque.

En effet, quel auteur peut se vanter d'avoir eu un succès plus général que celui obtenu par *Blache* dans son ballet comique *les Meuniers*, ce type fondamental de drôlerie, qui sans l'aide de décors ni de costumes, sans cette pompe soi-disant indispensable pour les ballets, s'est joué et se joue encore sur tous les théâtres, grands et petits. Quelle œuvre, autant que les *Meuniers*, a fait rire de son rire de bonheur et d'insouciance l'enfant à peine raisonnable, et a su dérider par un instant de gaîté et d'oubli le front du vieillard, qui enfin, plus que *Blache*, a su par un admirable enchaînement de prototypes comiques, se mettre à la portée de tous les esprits? Personne, assurément. Aussi les *Meuniers*, représentés pour la première fois à Montpellier en 1787, rapportèrent-ils à leur heureux compositeur et à sa famille, plus de 60,000 fr. de droits d'auteur. Encouragé par ce premier succès, *Blache* composa dans la même ville *le retour d'Apollon*, et il ne tarda pas à devenir l'enfant chéri de nos provinces.

Tantôt à Lyon, Bordeaux, Marseille, Montpellier, il laissait partout des traces de sa féconde imagination et de son véritable talent. A Paris il monta au théâtre de l'Opéra les *filets de Vulcain* qui eurent 150 représentations de suite. La vogue qu'obtint ce ballet engagea *Blache* à dédier cet ouvrage au roi de Prusse, souverain de sa terre natale, qui lui décerna à cette occasion une médaille d'or. Mais c'est Bordeaux, cette ville essentiellement dansomane, qui parait avoir su enchaîner les ailes toujours fugitives du chorégraphe d'élite; les Bordelais ayant perdu leur *Dauberval* chéri, retrouvèrent en *Blache* un digne successeur de leur idole. Il y composa *l'Amour et la folie*, *Daphnis*, *le temps fait passer l'Amour*, *Appelle et Campaspe*, *l'Amour au village*, *la noce villageoise*, *les Traqueurs*, *la Féte indienne*, *la Fille soldat*, *Médée et Jason*, et *la Laitière polonaise*; dans cet ouvrage il introduisit pour la première fois avec un succès d'enthousiasme une danse mêlée de *Patineurs* reproduite depuis sous différentes formes à la Porte St.-Martin, dans les *Quatre Saisons* de *Taglioni*, père, à Stuttgart, en 1828, et tout récemment encore à l'Opéra, sous la direction de M. Mabille, dans le *Prophète*, où ce genre de divertissement a excité des salves d'applaudissement. A Lyon, il composa, *les Vendangeurs*, charmant tableau plein de gaîté et de vie, *Zéphire et Bosie*, *la chaste Suzanne*, *Cila* et *Glocus*, *Almaviva et Rosine*, dont le fameux pas de huit scénique, reproduit par les reflets de la glace eût seul suffi pour constater et justifier le succès prodigieux de l'ouvrage. La fécondité est l'apanage des grands génies, et *Blache* mérite à ce titre la juste admiration de la postérité; car il faut le dire, hélas! l'auteur des *Meuniers*, marié en secondes noces, déroba au carquois de l'Amour un petit bataillon de 32 enfants!!! O! puissance des tendresses humaines!! Deux fils de sa première femme furent maîtres de ballets, et donnèrent des preuves d'un talent distingué. Le premier, *Frédéric-Auguste*, né à Marseille en 1791, vint à Paris en 1819, engagé au théâtre de la Porte-St-Martin pour y reproduire les ballets de son père, et il y composa en outre pour le célèbre *Mazurier*, *Polichinel Vampire*, *Joco*, et *la Landwehr* en collaboration avec M. *Barre*.

Le second fils, *Alexis Scipion*, né à Marseille en 1792, mort à Bordeaux, en 1852, fut supérieur à son frère comme compositeur : en 1816, il fut maître de ballets à Lyon ; plus tard il fut à Paris, Marseille, Bordeaux, et trois années consécutives premier maître de ballets à St-Pétersbourg. Ses ouvrages les plus remarquables sont : *Don Juan*, *Gustave Vasa*, *les Grecs*, *Malek Adel*, *Amadis de Gaule*, qui eurent tous de grands et légitimes succès.

Ainsi, *Blache* fut non-seulement un grand artiste, mais encore un excellent père, puisqu'il légua à plusieurs de ses enfants, les talents auxquels il doit lui-même une si honorable renommée, et le théâtre de Bordeaux, qui possède dans son foyer un beau portrait à l'huile de celui qu'il vit si souvent courbé sous les lauriers et de frénétiques applaudissements, consacre de la sorte un digne hommage à la mémoire de *Jean Baptiste Blache*, mort à Toulouse, le 24 Janvier 1834, à l'âge de 69 ans.

Louis Xavier Stanislas HENRI.

NOTICE

SUR

LOUIS-XAVIER-STANISLAS HENRI.

———————◦———————

Louis-Xavier-Stanislas HENRI, naquit à Versailles le 7 mars 1784.

Son père, (officier de bouche au service du comte d'Artois) ne le destinait nullement à la carrière théâtrale ; mais, par une de ces singulières circonstances dues au hasard, qui fraient au talent sa véritable vocation, *Henri*, dès sa huitième année entrait déjà dans les rangs du personnel d'élite de l'académie de musique.

Quelque temps avant la première représentation de *Psyché*, ballet que *Gardel* montait à cette époque à la Porte-Saint-Martin, le petit *Henri* fut envoyé à ce théâtre, chargé d'une lettre que son père adressait au machiniste-en-chef, relativement à un billet de faveur.

En attendant la réponse de son message, un insurmontable mouvement de curiosité le poussa vers une des coulisses du fond de la scène, et son regard se porta sur une troupe de petits enfants qui répétaient alors le fameux acte de l'Enfer, devenu depuis si célèbre par sa mise en scène ; les diablotins d'usage, pris parmi les jeunes élèves de l'école, témoignaient une certaine hésitation marquée déjà au coin de l'intérêt, à se jeter, comme le désirait *Gardel*, du haut d'un *praticable* dans un gouffre (matelassé, bien entendu).

Ignorant encore tous les détours de ces innombrables petites coteries théâtrales qui ont toujours pour but de la part des promoteurs, une gratification, un feu, une promesse d'avancement, enfin un avantage quelconque ; *Henri* ne comprenait pas comment on pouvait reculer devant un exercice auquel il se livrait, lui, en dépit des ordres paternels, et parfois même sur la pierre anguleuse des rues de

Paris, à ses yeux incontestablement plus aiguë qu'un matelas. Il ne put donc résister au désir qui l'agitait, et comme pressé par la main de fer de sa future vocation, il s'écria d'un accent tout pétillant de grâce, d'entrain et d'audace : « Ah bien ! je sauterais joliment, moi. »

Ces paroles, qui entraient parfaitement dans les idées abstraites que nourrissait à l'égard du théâtre le redoutable autocrate de l'Opéra, arrivèrent naturellement aux oreilles du puissant *Gardel*, qui, ne fût intervenu cet incident imprévu, se disposait en ce moment déjà à foudroyer de son regard d'Argus les petits bambins rebelles. Mais le courage désintéressé du Beauharnais de l'entrechat lui parut plus propre à atteindre son but, et il résolut aussitôt de mettre à profit la gracieuse incartade du petit grand homme de huit ans, espérant par là froisser le naissant amour-propre de nos Spartiates manqués. Il prit donc le chorégraphe en herbe au mot, et ce dernier s'empressa gaîment de justifier sa fanfaronnade par une exécution prompte pleine d'une charmante témérité, et comme les grands héros font les grands peuples, son exemple fut immédiatement suivi par toute la petite armée. Alors, *Gardel*, satisfait, s'approcha de lui, et, après l'avoir examiné et trouvé très-bien fait, lui dit d'un ton ironique, en lui caressant l'épaule :

« C'est bien, petit ; je vais te faire donner une paire de souliers et un costume de danse et tu pourras dire à ton père que tu es artiste de l'Opéra. »

Dès lors, par la protection de *Gardel*, *Henri* entra dans la classe de *Deshayes père* et, plus tard, dans celle de *Coulon*. De ce jour, jusqu'à sa dix-neuvième année, sa vie ne fournit rien d'extraordinaire, si ce n'est une assiduité remarquable, grâce à laquelle son second professeur le fit, à cet âge, débuter à l'Opéra, le 7 mars 1803.

On reconnut en lui le danseur sérieux, correct, possédant une grande pureté d'exécution, quoique d'une taille exceptionnelle pour un danseur (car il avait cinq pieds cinq pouces), et chose bizarre, il eut le bonheur de débuter avec la célèbre *Clotilde*, qui était, à peu près, de la même stature que lui.

Doués tous deux d'un véritable talent, leur apparition fit sensation ; et les chroniques du temps rapportent que le méticuleux *Geoffroy*, en parlant d'eux, dans le Journal de l'Empire, disait : « *A une époque où tout est grand, ce couple est de l'époque.* »

Henri avait aussi une jambe remarquable ; *Horace Vernet* prétendait qu'après l'Apollon du Belvéder, aucune autre, quelque gracieuse que pût être sa structure, ne pouvait rivaliser avec la sienne.

D'un naturel studieux, il parvint par les efforts d'un esprit constamment en travail, non-seulement à approfondir différentes branches de l'art, mais encore à produire de véritables chefs-d'œuvre de bon goût et d'innovation dans le machinisme théâtral, et ses connaissances en matière de géométrie et de dessin contribuaient largement aux conceptions de son génie essentiellement laborieux. Aussi dès que son front se fut habitué à porter les lauriers de ses premiers succès, son émulation artistique aspira à un but plus élevé encore qu'au simple bonheur de plaire en exécutant les productions d'autrui, et il parvint, à l'âge de 22 ans, à faire représenter sur la scène de l'Opéra, un ballet de sa propre composition, intitulé : l'*Amour à Cythère*.

La réussite complète de ce premier essai lui fit obtenir des propositions pour la Porte-Saint-Martin, où il monta, quoique appartenant à l'Académie de musique, *les Sauvages de la Floride* et *les Deux petits savoyards*.

Ces deux ouvrages obtinrent un succès décisif, et la Direction de l'Opéra, qui voulait voir cesser la rivalité que lui opposait, dans les ballets, la Porte-Saint-Martin, fit appeler *Henri*, afin de le faire opter entre l'une ou l'autre scène. Il préféra rester à la Porte-Saint-Martin ; mais, bientôt après, un décret supérieur fit fermer ce théâtre, et *Henri*, craignant des chicanes de la Direction de l'Opéra, partit clandestinement pour Milan, muni d'un passeport de commis marchand de vins.

Engagé premier danseur dans cette ville à l'époque où *Gioja* et *Vigano* étaient en pleine vogue, ce genre grandiose de célébrités, c'est-à-dire la pantomime dramatique avec ses brillants effets de scène, ses ensembles, ses personnels nombreux et gracieusement disciplinés à la main du maître, frappa l'esprit déjà prévenu en sa faveur de *Henri*, qui abandonna alors le genre léger et anacréontique, si fort à la mode en France.

Il travailla donc scrupuleusement à l'école de ces deux maîtres, et devint en peu de temps, leur digne émule, à tel point que les Italiens disaient, en dépit de la fierté nationale, qu'il méritait la troisième couronne de la chorégraphie italienne. On appréciait aussi beaucoup ses ballets comiques et son remarquable talent de pantomime.

Il fut successivement à Naples, Milan et Vienne, revint en 1821, à Paris, où il épousa Madame veuve *Quériau*, habile danseuse et mime.

A la Porte-Saint-Martin, en 1823, il monta *Hamlet*, qui lui rapporta en quelques mois plus de 36,000 fr. de droits d'Auteur.

En 1834, au théâtre nautique (salle Vantadour) il donna, avec grand succès *Guillaume Tell*, *les Ondines*, et *Chao-Kang*. En 1835, il fut engagé à l'Opéra pour y monter *l'Ile des Pirates*, dont le sujet lui avait été imposé par la Direction, mais précisément par cette considération, cet ouvrage n'obtint pas le succès des œuvres précédentes de l'auteur. En 1836, enfin, appelé à Naples par un brillant engagement, il fut subitement ravi à l'admiration de ses contemporains par le choléra, et termina le 4 novembre de cette même année, l'abondante moisson de lauriers que lui avait fournis sa carrière artistique. Mort à l'âge de 52 ans, il fut suivi dans la tombe par de nombreuses larmes; car il n'avait pas été seulement un grand chorégraphe, mais encore un modèle de probité et de vertu.

Ses principaux ouvrages sont :

A *Milan*, à différentes époques :

1. L'ASSEDIO DI CALAIS.
2. ADELAIDE DI FRANCIA.
3. DIRCEA.
4. SANSONE.

5. FESTA DI BALLO CON MASCHERA (d'après lequel a été tiré LE BAL DE GUSTAVE.)
6. IL CASTELLO DEGLI SPIRITI.

7. CHAO-KAN (Merveilleux panorama d'originalité.)
8. ELERZ E ZULNIDA.

A *Naples*.

9. LES AMAZONES.
10. GUGLIELMO TELL.
11. ROMEO E GIULIETTA.
12. ARMINIO.
13. AMENIA.

14. DIBUTADE OSSIA L'ORIGINE DELLA PITTURA.
15. LA CARAVANA DEL CAIRE.
16. ALCESTE.
17. ARSENE.

18. ORFEO.
19. DON GIOVANNI.
20. ARMIDA.

A *Paris*, Théâtre de l'Opéra.

21. L'AMOUR A CYTHERE.

22. L'ILE DES PIRATES.

Porte-Saint-Martin.

23. LES SAUVAGES DE LA FLORIDE.
24. LES DEUX PETITS SAVOYARDS.
25. SAMSON.
26. HAMLET.
27. LE ROSIER.

28. LE SACRIFICE INDIEN.
29. LE MARIAGE ROMPU.
30. L'ORPHELIN DE LA CHINE.
31. LA LAMPE MERVEILLEUSE.
32. PANDORA.
33. LA COLONIE.
34. FITZ HENRI.

35. LA FORTUNE. VIENT EN DORMANT.
36. LA VEUVE DU MALABAR, salle Vantadour, théâtre nautique.
37. GUILLAUME TELL.
38. LES ONDINES.
39. CHAO-KANG.

PARIS. — IMPRIMERIE DE MOQUET, 92, RUE DE LA HARPE.

Cet Ouvrage est publié en un Volume composé de Douze livraisons paraissant tous les Mois.

Chaque livraison contiendra un ou plusieurs chapitres de **STÉNOCHORÉGRAPHIE**, Exemples ou Etudes de cet Art, de plus, la Biographie & le Portrait d'un ou de plusieurs maitres de Ballets anciens et modernes, de l'Ecole Française et Italienne.

PRIX: l'ouvrage complet, 24 fr.

Pour les souscripteurs payable 2f. par livraison.

Chaque Livraison séparée: 2f. 50c.

---

www.ingramcontent.com/pod-product-compliance
Lightning Source LLC
Chambersburg PA
CBHW072111090426
42739CB00012B/2922